+ The Lord's Prayer

Our Father who art in heaven,
hallowed be thy name,
thy kingdom come,
thy will be done,
on earth as it is in heaven.
Give us this day our daily bread.
And forgive us our trespasses
as we forgive those
who trespass against us.
And lead us not into temptation,
but deliver us from evil.
For thine is the kingdom,
the power and the glory,
for ever and ever.
Amen.

Our Father in heaven,
hallowed be your name,
your kingdom come,
your will be done,
on earth as in heaven.
Give us today our daily bread.
Forgive us our sins
as we forgive those
who sin against us.
Save us from the time of trial
and deliver us from evil.
For the kingdom, the power
and the glory are yours,
now and for ever.
Amen.

+ Gloria Patri

Glory to the Father, and to the Son, and to the Holy Spirit;
as it was in the beginning, is now,
and shall be for ever.
Amen.

Ⓟ Corff Cynrychiolwyr yr Eglwys yng Nghymru

Cyhoeddwyd yn 2024
gan Gorff Cynrychiolwyr yr Eglwys yng Nghymru
Elusen gofrestredig, rhif 1142813
2 Sgwâr Callaghan,
Caerdydd.
CF10 5BT

Ni ddylid atgynhyrchu dim o'r cyhoeddiad hwn mewn unrhyw ffurf oddieithr yr hyn a ganiateir ac a ddisgrifir ar dudalen 58.

Perthyn pob llun a darluniad i Ⓟ hawlfraint y perchennog: gweler tudalen 59.

Cyhoeddwr:
Y Lolfa, Talybont, Ceredigion, Cymru. SY24 5HE

ISBN 978-1-80099-570-3

© The Representative Body of the Church in Wales

Published in 2024
by the Representative Body of the Church in Wales
a registered Charity, number 1142813
2 Callaghan Square,
Cardiff.
CF10 5BT

No part of this publication may be reproduced in any form other than the permitted forms as described on page 58.

All pictures and illustrations are © Copyright of the owner: see page 59.

Publisher:
Y Lolfa, Talybont, Ceredigion, Wales. SY24 5HE

ISBN 978-1-80099-570-3

Cynlluniwyd a chysodwyd mewn Candara gan Ritchie Craven,
Corff Cynrychiolwyr yr Eglwys yng Nghymru.

Design and typesetting in Candara by Ritchie Craven,
Representative Body of the Church in Wales.

YR EGLWYS THE CHURCH
YNG NGHYMRU IN WALES

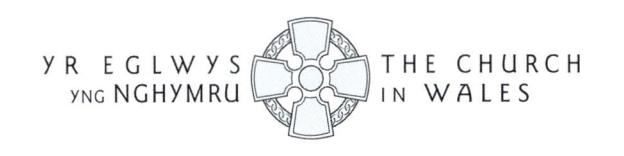

Beunydd gyda Duw
llawlyfr gweddi ddyddiol

Daily with God
a daily prayer manual

Cynnwys

+ Gweddi'r Arglwydd
+ Gloria Patri .... Tu fewn y clawr blaen

Rhagair .... Tudalen 1

+ Credo Nicea .... Tudalen 3

Cylch ymbiliau ar gyfer pob dydd o'r wythnos .. Tudalen 4

Salmau a darlleniadau a awgrymir .... Tudalen 5

Y Foreol Weddi...................................... Tudalen 6
+ Benedictus
+ Credo'r Bedydd
+ Te Deum Laudamus

Yr Hwyrol Weddi.................................. Tudalen 16
+ Magnificat
+ Credo'r Apostolion
+ Y Diolch Cyffredinol

Gweddi'r Nos.. Tudalen 24
+ Nunc Dimittis
+ Veni, Creator Spiritus

Yr Examen .... Tudalen 31

Y Cymun Bendigaid............................. Tudalen 32
+ Anima Christi

Y Beibl .... Tudalen 39

Y Flwyddyn Gristnogol .... Tudalen 42

Myfyrio ar Ddigwyddiadau Bywyd.................. Tudalen 50

Diolch cyn prydau bwyd .... Tudalen 57

Geiriau olaf Dewi Sant .... Y tu mewn i'r clawr cefn

+ *testunau a ddefnyddir yn aml*

Contents

+ The Lord's Prayer
+ Gloria Patri .... Inside front cover

Introduction .... Page 1
   + The Nicene Creed .... Page 3

A cycle of prayer for each day of the week .... Page 4

Suggested psalms and readings .... Page 5

Morning Prayer .... Page 6
   + Benedictus
   + The Baptismal Creed
   + Te Deum Laudamus

Evening Prayer .... Page 16
   + Magnificat
   + The Apostles' Creed
   + The General Thanksgiving

Night Prayer .... Page 24
   + Nunc Dimittis
   + Veni, Creator Spiritus

The Examen .... Page 31

Holy Communion .... Page 32
   + Anima Christi

The Bible .... Page 39

The Christian Year .... Page 42

Reflections on Life Events .... Page 50

Thanksgiving before meals .... Page 57

The final words of St. David .... Inside back cover

+ commonly used texts

Rhagair

Ym mlynyddoedd fy arddegau y dechreuodd fy ngwir ymgais i fod yn ddisgybl i Iesu, ac ar y daith ugain munud ar y bws ysgol yn y bore, pan allwn dreulio'r unigedd cymharol yn dysgu gweddïo, y dechreuodd fy mywyd o weddi. Ond pa eiriau y dylwn eu harfer a sut orau i agor fy hunan i bresenoldeb Duw?

Daeth cymorth ar ffurf llyfryn bychan a gefais wrth baratoi at gonffyrmasiwn. Amlygai batrymau elfennol ffordd yr Anglican at weddi. Dros y blynyddoedd deuthum ar draws eraill a gafodd yr un profiad ac a ddysgodd sut i ddod gerbron Duw yn ddyddiol wrth ddefnyddio rhageiriau byrion, tebyg.

Gyda'n gilydd, yn Esgobion yr Eglwys yng Nghymru, dymunwn annog pob disgybl i Iesu i ymgymryd â disgyblaeth y weddi ddyddiol. Dyma foment pan rown gyfle i Dduw afael ynom a'n ffurfio gan ei gariad a'i ras a phan ddown â'r hyn sydd yn ein calon at ei sylw cariadus.

Wrth iddo ein dysgu am weddi dywed Iesu fod Duw yn ein caru ac yn aros yn ddisgwylgar i glywed ein gweddïau a'u hateb, a bod dod i'w bresenoldeb yn gofyn dim mwy na dweud wrtho feddyliau ein calonnau. Does dim angen gwneud na dweud dim arbennig, ond mae cael geiriau wedi eu darparu o gymorth. O gymorth hefyd yw gwybod ein bod yn gweddïo yng nghwmni torf enfawr y saint ar y ddaear ac yn y nef a'n bod yn gallu arfer geiriau sydd wedi eu treulio'n ffurfiau llyfn a bendithiol o hir ddefnydd ar hyd yr oesoedd; yn fwyaf arbennig y geiriau a ddysgodd Iesu ei hun i ni, Gweddi'r Arglwydd.

Introduction

My own real discipleship of Jesus started in my teenage years, and my life of prayer started on the twenty minute journey on the school bus in the morning, when I could spend the relative isolation learning to pray. However, what words should I use, and how best could I open myself to God's presence?

I was helped by a little manual that I had been given when preparing for confirmation, which set out the basic structures of an Anglican approach to prayer. Over the years I have encountered others who shared that experience, and learned how to come before God on a daily basis using similar short introductions.

Together as Bishops of the Church in Wales, we want to encourage every disciple of Jesus in the discipline of daily prayer. It is a moment when we allow God to catch hold of us, and to shape us by his love and grace, and when we can offer those things on our hearts for his loving attention.

Jesus teaches us about prayer. He tells us that God loves us, actively wishes to hear and address our prayers, and that coming into God's presence is as simple as speaking the thoughts of our heart. Prayer doesn't need any special words or actions, but being provided with words can often assist. It helps us to know that when we pray, we are joining the great company of saints, here on earth and in heaven, who themselves pray. We can use words worn into smooth and helpful shapes by being passed down from one generation to another, not least the words Jesus himself taught us, the Lord's Prayer.

Bwriedir i'r llawlyfr gweddi hwn, a roddwyd ynghyd gan y Comisiwn Litwrgaidd, roi ichi'r cyfle i ffurfio patrwm o weddïo sy'n addas i chi. Ynddo ceir rhai o weddïau mwyaf a ffefrynnau Cristnogion drwy'r oesoedd (a hynny'n esbonio'r aml enw Lladin, rhyfedd). Cewch graidd o weddïau i'w harfer yn ddyddiol wrth ddod gerbron gorsedd gras Duw, ynghyd â gweddïau ar gyfer achlysur neu gyfle arbennig.

Ein gobaith yw y bydd y llyfr hwn yn gymorth a chefnogaeth i chi, ac y bydd ynddo weddïau yr hoffech eu dysgu ar eich cof ond, yn fwyaf pwysig, a ddaw â chi'n nes at Iesu a'ch calonogi wrth ichi geisio ei ddilyn ef.

+Gregory Llanelwy

Esgob Llanelwy,
â chyfrifoldeb am Ffydd, Trefn ac Undod,
ar ran holl esgobion yr Eglwys yng Nghymru.

This prayer manual, drawn together by the Liturgical Commission, is designed to offer you the opportunity to shape a pattern of prayer which suits you. It includes some of the greatest and best-loved prayers of Christians down through the ages (which is why they often have funny Latin names). It gives you a core of prayers to use daily as you approach the throne of God's grace, together with prayers for particular occasions and opportunities.

We hope that this book will help you and support you, and that there will even be prayers that you wish to learn by heart, but which, most importantly, will bring you closer to Jesus, and encourage you as you seek to follow him.

+Gregory Llanelwy

Bishop of St Asaph,
with responsibility for Faith, Order and Unity,
on behalf of all the bishops of the Church in Wales.

+ Credo Nicea

Credwn yn un Duw,
Y Tad, yr hollalluog,
gwneuthurwr nef a daear,
a phob peth gweledig ac anweledig.

Credwn yn un Arglwydd Iesu Grist,
unig Fab Duw,
a genhedlwyd gan y Tad cyn yr holl oesoedd,
Duw o Dduw, Llewyrch o Lewyrch,
gwir Dduw o wir Dduw,
wedi ei genhedlu, nid wedi ei wneuthur,
yn un hanfod â'r Tad,
a thrwyddo ef y gwnaed pob peth.
Er ein mwyn ni ac er ein hiachawdwriaeth
disgynnodd o'r nefoedd;
trwy nerth yr Ysbryd Glân daeth yn gnawd o Fair Forwyn,
ac fe'i gwnaed yn ddyn,
Fe'i croeshoeliwyd drosom dan Pontius Pilat.
Dioddefodd angau ac fe'i claddwyd.
Atgyfododd y trydydd dydd yn ôl yr Ysgrythurau,
ac esgynnodd i'r nef,
ac y mae'n eistedd ar ddeheulaw'r Tad.
A daw drachefn mewn gogoniant
i farnu'r byw a'r meirw:
ac ar ei deyrnas ni bydd diwedd.

Credwn yn yr Ysbryd Glân,
yr Arglwydd, rhoddwr bywyd,
sy'n deillio o'r Tad [a'r Mab]*,
ac ynghyd â'r Tad a'r Mab
a gydaddolir ac a gydogoneddir,
ac a lefarodd trwy'r proffwydi.
Credwn yn un Eglwys lân gatholig ac apostolig.
Cydnabyddwn un bedydd er maddeuant pechodau.
A disgwyliwn am atgyfodiad y meirw,
a bywyd y byd sydd i ddyfod.
Amen.

A gytunwyd yng Nghynghorau cynnar yr Eglwys ac a dderbyniwyd gan Anglicaniaid yn 'ddatganiad digonol o'r Ffydd Gristnogol.'
[*Ychwanegiad diweddarach i'r testun gwreiddiol yw'r ymadrodd hwn.]

+ The Nicene Creed

We believe in one God,
the Father, the almighty,
maker of heaven and earth,
of all that is, seen and unseen.

We believe in one Lord, Jesus Christ,
the only Son of God,
eternally begotten of the Father,
God from God, Light from Light,
true God from true God,
begotten, not made,
of one Being with the Father.
Through him all things were made.
For us and for our salvation
he came down from heaven;
by the power of the Holy Spirit
he became incarnate from the Virgin Mary,
and was made man.
For our sake he was crucified under Pontius Pilate;
he suffered death and was buried.
On the third day he rose again
in accordance with the Scriptures;
he ascended into heaven
and is seated at the right hand of the Father.
He will come again in glory
to judge the living and the dead,
and his kingdom will have no end.

We believe in the Holy Spirit,
the Lord, the giver of life,
who proceeds from the Father [and the Son]*,
who with the Father and the Son
is worshipped and glorified,
who has spoken through the prophets.
We believe in one holy catholic and apostolic Church.
We acknowledge one baptism for the forgiveness of sins.
We look for the resurrection of the dead,
and the life of the world to come.
Amen.

Agreed at the early Councils of the Church, and accepted by Anglicans as 'the sufficient statement of Christian faith'.
[*This phrase is a later addition to the original text.]

Cylch Gweddi ar gyfer Dyddiau'r Wythnos

Dydd Sul
Diolch am yr atgyfodiad.
Gweddïo dros yr Eglwys fyd-eang.

Dydd Llun
Diolch am y cread.
Gweddïo am iacháu'r amgylchfyd
a thros bawb sy'n gweithio ar y tir.

Dydd Mawrth
Diolch am roddion Duw mewn meddwl a nerth.
Gweddïo am gyfleon i wasanaethu.

Dydd Mercher
Diolch am deulu a ffrindiau.
Gweddïo dros bawb sy'n byw ar ei ben ei hun
neu mewn ofn.

Dydd Iau
Diolch am weithwyr iechyd a gofal cymdeithasol.
Gweddïo am iachâd i bawb sy'n dioddef.

Dydd Gwener
Diolch am bawb sy'n gweithio tuag at heddwch.
Gweddïo am faddeuant a chymod.

Dydd Sadwrn
Diolch am ddarpariaeth a gofal Duw.
Gweddïo am ddyfodiad Teyrnas Crist.

A cycle of prayer for each day of the week

Sunday
Give thanks for the resurrection.
Pray for the worldwide Church.

Monday
Give thanks for creation.
Pray for the healing of the environment
and for all those who work on the land.

Tuesday
Give thanks for God's gifts of mind and strength.
Pray for opportunities of service.

Wednesday
Give thanks for family and friends.
Pray for all who live alone or in fear.

Thursday
Give thanks for health and social care workers.
Pray for healing for all who suffer.

Friday
Give thanks for those who work for peace.
Pray for forgiveness and reconciliation.

Saturday
Give thanks for God's provision and care.
Pray for the coming of Christ's Kingdom.

Beunydd gyda Duw

Awgrymir y salmau a'r darlleniadau hyn i'w harfer yn ystod:

Y Foreol Weddi	Yr Hwyrol Weddi	Gweddi'r Nos
	Dydd Sul	
Salm 19	Salm 16	Salm 91
Genesis 1. 1-5	Ioan 5. 15-18	
2 Corinthiaid 5. 17-19a	Datguddiad 21. 1-4	Datguddiad 22. 4-5
	Dydd Llun	
Salm 10	Salm 65	Salm 86
Eseia 49. 1b-4	Diarhebion 3. 7-12	
Mathew 25. 19-21	Marc 4. 26-29	1 Thesaloniaid 5. 9-10
	Dydd Mawrth	
Salm 119. 1-16	Salm 48	Salm 143. 1-11
Deuteronomium 28. 1-4	Eseia 35. 3-6	
Ioan 9. 1-5	Datguddiad 22. 1-2	1 Pedr 5. 8-9
	Dydd Mercher	
Salm 27	Salm 30	Salm 31. 1-5; 130
Eseia 61. 1-3a	Micha 4. 1-4a	
Mathew 9. 35-diwedd	Ioan 18. 33, 36-38	Effesiaid 4. 26-27
	Dydd Iau	
Salm 41	Salm 122	Salm 23
Deuteronomium 15. 7-11	Eseia 43. 5-7	
1 Pedr 2. 9-10	Ioan 17. 18-23	1 Thesaloniaid 5. 23
	Dydd Gwener	
Salm 51	Salm 46	Salm 22
2 Cronicl 7. 13-14	Eseia 57. 15-19	
Effesiaid 2. 13-18	Luc 9. 22-25	Jeremeia 14. 9
	Dydd Sadwrn	
Salm 19	Salm 116, 150	Salm 4; 134
Eseia 11. 6-9	Ioan 11. 17-26a	
Effesiaid 3. 14-19	Datguddiad 5. 8-10	Datguddiad 22. 4-5

Gellir dod o hyd i Ddetholiad o salmau a darlleniadau ar gyfer amrywiol dymhorau'r flwyddyn eglwysig yng nghyhoeddiad yr Eglwys yng Nghymru, **Gweddi Ddyddiol** (Atodiad VII, tudalennau 269~285) *neu* ceir detholiad llawnach, a salmau a darlleniadau gwahanol ar gyfer pob dydd, yn **Llithiadur yr Eglwys yng Nghymru**.

Mae gweddïau, hefyd, ar gyfer y tymhorau hyn ar dudalen 43 o'r llyfr hwn.

Suggested psalms and readings for use with:

Morning Prayer	Evening Prayer	Night Prayer
	Sunday	
Psalm 19	Psalm 16	Psalm 91
Genesis 1. 1-5	John 5. 15-18	
2 Corinthians 5. 17-19a	Revelation 21. 1-4	Revelation 22. 4-5
	Monday	
Psalm 10	Psalm 65	Psalm 86
Isaiah 49. 1b-4	Proverbs 3. 7-12	
Matthew 25. 19-21	Mark 4. 26-29	1 Thessalonians 5. 9-10
	Tuesday	
Psalm 119. 1-16	Psalm 48	Psalm 143. 1-11
Deuteronomy 28. 1-4	Isaiah 35. 3-6	
John 9. 1-5	Revelation 22. 1-2	1 Peter 5. 8-9
	Wednesday	
Psalm 27	Psalm 30	Psalm 31. 1-5; 130
Isaiah 61. 1-3a	Micah 4. 1-4a	
Matthew 9. 35-end	John 18. 33, 36-38	Ephesians 4. 26-27
	Thursday	
Psalm 41	Psalm 122	Psalm 23
Deuteronomy 15. 7-11	Isaiah 43. 5-7	
1 Peter 2. 9-10	John 17. 18-23	1 Thessalonians 5. 23
	Friday	
Psalm 51	Psalm 46	Psalm 22
2 Chronicles 7. 13-14	Isaiah 57. 15-19	
Ephesians 2. 13-18	Luke 9. 22-25	Jeremiah 14. 9
	Saturday	
Psalm 19	Psalm 116; 150	Psalm 4; 134
Isaiah 11. 6-9	John 11. 17-26a	
Ephesians 3. 14-19	Revelation 5. 8-10	Revelation 22. 4-5

Selections of psalms and readings for the various seasons of the church year may be found in the Church in Wales' publication, ***Daily Prayer*** (Appendix VII, pages 269~285) *or* for a fuller selection, with different psalms and readings for each day, refer to the ***Church in Wales' Lectionary.***

Prayers for these seasons may also be found on page 43 of this book.

Y Foreol Weddi

Cyntaf gair a ddywedaf,
y bore pan gyfodaf,
Croes Crist yn wisg amdanaf.

O Lyfr Du Caerfyrddin
(Y Drydydd Ganrif ar Ddeg)

Morning Prayer

**May the first words I utter,
as I rise in the morning,
… be 'Clothe me in the Cross of Christ.'**

*Adapted from the Black Book of Carmarthen
(Thirteenth Century)*

Y Foreol Weddi

Arglwydd, agor ein gwefusau,
A'n genau a fynega dy foliant.

**Gogoniant i'r Tad, ac i'r Mab,
ac i'r Ysbryd Glân;
fel yr oedd yn y dechrau, y mae yn awr,
ac y bydd yn wastad, yn oes oesoedd. Amen.**

Gweddi ddistaw / myfyrdod ar y dydd sydd i ddod.

Yn gynnar yn y bore
daw fy ngweddi atat.
Arglwydd, trugarha.
Arglwydd, trugarha.

Yr wyt yn llefaru yn fy nghalon ac yn dweud
  'ceisia fy wyneb';
am hynny ceisiaf dy wyneb, O Arglwydd.
Crist, trugarha.
Crist, trugarha.

Bydded geiriau fy ngenau'n dderbyniol gennyt,
a myfyrdod fy nghalon yn gymeradwy i ti,
O Arglwydd, fy nghraig a'm prynwr.
Arglwydd, trugarha.
Arglwydd, trugarha.

Y Salm*

Darlleniad o'r Hen Destament*

Gall cyfnod o fyfyrdod distaw ddilyn y darlleniad.

* *Gweler tudalen 5*

Morning Prayer

O Lord, open our lips,
And our mouth shall proclaim your praise.

**Glory to the Father, and to the Son,
and to the Holy Spirit;
as it was in the beginning, is now,
and shall be for ever. Amen.**

A time of silent prayer / reflection on the coming day.

Early in the morning
my prayer comes before you.
Lord, have mercy.
Lord, have mercy.

You speak in my heart and say
 'seek my face';
your face, Lord, will I seek.
Christ, have mercy.
Christ, have mercy.

Let the words of my mouth
and the meditation of my heart
 be acceptable in your sight,
Lord, my strength and my Redeemer.
Lord, have mercy.
Lord, have mercy.

The Psalm*

The Old Testament reading*

A time of silent reflection may follow each reading.

* See page 5

+ Cantigl o'r Efengyl ~ Benedictus

Bendigedig fyddo Arglwydd Dduw Israel:
am iddo ymweld â'i bobl a'u prynu i ryddid;

Cododd waredigaeth gadarn i ni:
yn nhŷ Dafydd ei was –

Fel y llefarodd trwy enau ei broffwydi sanctaidd:
yn yr oesoedd a fu –

Gwaredigaeth rhag ein gelynion:
ac o afael pawb sydd yn ein casáu;

Fel hyn y cymerodd drugaredd ar ein hynafiaid:
a chofio ei gyfamod sanctaidd,

Y llw a dyngodd wrth Abraham ein tad:
y rhoddai inni gael ein hachub o afael gelynion,

A'i addoli yn ddi-ofn mewn sancteiddrwydd a chyfiawnder:
ger ei fron ef holl ddyddiau ein bywyd.

A thithau, fy mhlentyn, gelwir di yn broffwyd y Goruchaf:
oherwydd byddi'n cerdded o flaen yr Arglwydd
    i baratoi ei lwybrau,

I roi i'w bobl wybodaeth am waredigaeth:
trwy faddeuant eu pechodau.

Hyn yw trugaredd calon ein Duw:
fe ddaw â'r wawrddydd oddi uchod i'n plith,

I lewyrchu ar y rhai sy'n eistedd yn nhywyllwch cysgod angau
a chyfeirio ein traed i ffordd tangnefedd.

**Gogoniant i'r Tad, ac i'r Mab,
ac i'r Ysbryd Glân;
fel yr oedd yn y dechrau, y mae yn awr,
ac y bydd yn wastad, yn oes oesoedd. Amen.**

Darlleniad o'r Testament Newydd   *Gweler tudalen 5*

+ The Gospel canticle ~ Benedictus

Blessed be the Lord the God of Israel:
for he has come to his people and set them free.

The Lord has raised up for us a mighty Saviour:
born of the house of his servant David.

Through his holy prophets God promised of old
    to save us from our enemies:
from the hands of all who hate us.

To show mercy to our forebears:
and to remember his holy covenant.

This was the oath God swore to our father Abraham:
to set us free from the hands of our enemies,

Free to worship him without fear:
holy and righteous before him all the days of our life.

And you, child, shall be called
    the prophet of the Most High:
for you will go before the Lord to prepare his way,

To give his people knowledge of salvation:
by the forgiveness of their sins.

In the tender compassion of our God:
the dawn from on high shall break upon us,

To shine on those who dwell in darkness
    and the shadow of death:
and to guide our feet into the way of peace.

Glory to the Father, and to the Son,
and to the Holy Spirit;
as it was in the beginning, is now,
and shall be for ever. Amen.

The New Testament reading　　　　　　　　　　*See page 5*

+ Credo'r Bedydd

Yr wyf yn credu ac yn ymddiried yn Nuw Dad,
ffynhonnell pob bod a bywyd,
yr un yr ydym yn bod er ei fwyn.

Yr wyf yn credu ac yn ymddiried yn Nuw Fab,
a gymerodd ein natur ddynol ni,
a fu farw drosom ac a atgyfododd.

Yr wyf yn credu ac yn ymddiried
    yn Nuw Ysbryd Glân,
sy'n rhoi bywyd i bobl Dduw
ac yn amlygu Crist yn y byd.

**Dyma ffydd yr Eglwys.
Dyma ein ffydd ni.
Yr ydym yn credu ac yn ymddiried yn un Duw,
Tad, Mab ac Ysbryd Glân. Amen.**

+ Gweddi'r Arglwydd

Y mae'r Arglwydd yma.
Y mae ei Ysbryd gyda ni.

Ein Tad …

(Gweler y tu mewn i'r clawr blaen)

Gall ymbiliau ddilyn yma; gweler tudalen 4.

Daily with God

+ The Baptismal Creed

I believe and trust in God the Father,
source of all being and life,
the one for whom we exist.

I believe and trust in God the Son,
who took our human nature,
died for us and rose again.

I believe and trust
    in God the Holy Spirit,
who gives life to the people of God
and makes Christ known in the world.

This is the faith of the Church.
This is our Faith.
We believe and trust in one God,
Father, Son and Holy Spirit. Amen

+ The Lord's Prayer

The Lord is here.
His Spirit is with us.

Our Father …

(See inside front cover)

Prayers of intercession may follow here; see page 4.

Colect boreol

Dragwyddol Dduw a Thad,
y crewyd ni trwy dy allu
a'n prynu trwy dy gariad,
tywys a nertha ni â'th Ysbryd,
fel y gallwn ein rhoi ein hunain i ti
    trwy garu a gwasanaethu'n gilydd;
yn Iesu Grist ein Harglwydd. **Amen.**

Neu

O Arglwydd a nefol Dad,
Dduw hollalluog a thragwyddol,
diolchwn iti am ein dwyn yn ddiogel
    i ddechrau'r dydd newydd hwn:
amddiffyn ni â'th gadarn allu
    fel y'n cedwir ni yn rhydd rhag pob pechod
ac yn ddiogel rhag pob perygl;
a galluoga ni ym mhob peth
    i wneud yn unig yr hyn sydd iawn yn dy olwg di;
trwy Iesu Grist ein Harglwydd. **Amen.**

Yr Arglwydd a fo gyda chwi.
A hefyd gyda thi.

Bendithiwn yr Arglwydd.
I Dduw y bo'r diolch.

Gras ein Harglwydd Iesu Grist,
a chariad Duw,
a chymdeithas yr Ysbryd Glân
fyddo gyda ni oll byth bythoedd. Amen.

Morning collect

Eternal God and Father,
by your power we are created
and by your love we are redeemed:
guide and strengthen us by your Spirit,
that we may give ourselves to you
    in love and service of one another;
through Jesus Christ our Lord. **Amen.**

Or

O Lord and heavenly Father,
almighty and everlasting God,
we thank you for bringing us safely
    to the beginning of this new day:
defend us by your mighty power
    that we may be kept free from all sin
    and safe from every danger;
and enable us in everything
    to do only what is right in your eyes;
through Jesus Christ our Lord. **Amen.**

The Lord be with you.
And also with you.

Let us bless the Lord.
Thanks be to God.

The grace of our Lord Jesus Christ,
the love of God,
and the fellowship of the Holy Spirit
be with us all, evermore. Amen.

Gweddïau ychwanegol ar gyfer y bore

Gweddi am gariad Duw
Arglwydd, fe'n dysgaist
    mai diwerth yw ein holl weithredoedd heb gariad:
anfon dy Ysbryd Glân
a thywallt yn ein calonnau
    ddawn odidocaf cariad,
sy'n wir rwymyn tangnefedd a phob rhinwedd dda,
y cyfrifir pwy bynnag sy'n byw hebddo
    yn farw ger dy fron di.
Caniatâ hyn er mwyn dy unig Fab Iesu Grist
sy'n fyw ac yn teyrnasu gyda thi,
yn undod yr Ysbryd Glân,
yn un Duw, yn awr ac am byth. **Amen.**

Y Colect ar gyfer yr Ail Sul wedi'r Drindod

Emyn i'r Drindod
I Dad y trugareddau i gyd,
Rhown foliant, holl drigolion byd;
Llu'r nef, moliennwch ef ar gân,
Y Tad a'r Mab a'r Ysbryd Glân. **Amen.**

Gweddi gan St. Ignatius o Loyola (1491~1556)
Dysg ni, Arglwydd da,
i'th wasanaethu fel yr haeddi:
i roi heb gyfri'r gost,
i frwydro heb ystyried y clwyfau,
i weithio heb geisio gorffwys,
i lafurio heb ddisgwyl unrhyw wobr
ond gwybod ein bod yn gwneud dy ewyllys di
    yn Iesu Grist ein Gwaredwr. **Amen.**

Additional prayers for the morning

A prayer for God's love
Lord, you have taught us
    that all our doings without love are nothing worth:
send your Holy Spirit
and pour into our hearts
    that most excellent gift of love,
the true bond of peace and of all virtues,
without which whoever lives
    is counted dead before you.
Grant this for your only Son Jesus Christ's sake,
who is alive and reigns with you,
in the unity of the Holy Spirit,
one God, now and for ever. **Amen.**

Collect for the Second Sunday after Trinity

A hymn to the Trinity
Praise God from whom all blessings flow,
Praise him all creatures here below;
Praise him above, angelic host,
Praise Father, Son and Holy Ghost. **Amen.**

A prayer of St. Ignatius of Loyola (1491~1556)
Teach us, good Lord,
to serve you as you deserve:
to give and not to count the cost,
to fight and not to heed the wounds,
to toil and not to seek for rest,
to labour and not to ask for any reward,
save that of knowing that we do your will
    in Jesus Christ our Saviour. **Amen.**

Gweddi a ysbrydolwyd gan St. Catherine o Siena (1347~1380)
Tyrd Ysbryd Glân,
trwy dy nerth tynn fy nghalon atat.
Fy Nuw, a minnau'n blentyn i ti,
dyro imi dy garu a'th barchu;
yn dy drugaredd diderfyn,
cadw fi rhag meddyliau drwg;
â'th gariad annwyl cynhesa fi, pâr imi fod yn wenfflam
fel y gwneir yn ysgafnach anawsterau'r bywyd hwn.
Fy Nhad, fy Arglwydd tirion,
dyro gymorth imi ym mhopeth a wnaf.
Iesu, cariad, Iesu, cariad. **Amen.**

Gweddi a ysbrydolwyd gan Hildegard o Bingen (1098~1179)
Dân cysurlon yr Ysbryd
a Bywyd oddi mewn i wir Fywyd y Cread,
sydd â'th sancteiddrwydd yn dwyn popeth i fodolaeth:
fel y mae dy eneiniad yn gwneud popeth yn gyfan,
yn glanhau hyd yn oed y clwyfau llidus,
felly una dy greaduriaid i gyd yn Un.

Anadl cysegredig a thân o gariad,
ffynnon buraf yn uno dieithriaid
ac yn ceisio'r colledig:
gofala am y sawl sy'n gaeth gan bechod.

Droetffordd sicraf, yn torri ffyrdd
    drwy uchelder nefol i ddyfnder daear,
sydd â'th nerth creadigol yn peri i gymylau lifo,
i gerrig fod yn llaith, i byllau droi'n afonydd
ac i'r ddaear ollwng allan anadl Bywyd:
Tynn ni i'th adnabod, ysbrydola ni â Doethineb,
dyro inni lawenydd.

Pob clod i ti,
ffynhonnell addoliad a thlws pennaf bywyd:
trwy'r gobaith a geir gennyt a'th fendith ddrudfawr
arwain ni i etifeddu Goleuni yn wobr. **Amen.**

A prayer inspired by St. Catherine of Siena (1347~1380)

Holy Spirit, come,
by your power draw my heart to you.
My God, as your child,
give me love and respect for you;
in your boundless compassion,
keep me from evil thoughts;
with your dear love warm me, set me ablaze,
and thereby lighten the difficulties of this life.
My Father, my sweet Lord,
help me in all that I undertake.
Jesus, love, Jesus, love. **Amen.**

A prayer inspired by Hildegard of Bingen (1098~1179)

Comforting fire of Spirit,
Life within Creation's true Life,
whose holiness gives all things existence:
as your anointing makes everything whole,
cleansing even festering wounds,
unite all your creatures as One.

Sacred breath, fire of love,
purest fountain uniting strangers
and searching out the lost:
care for those imprisoned by sin.

Surest pathway, carving ways
    through heavenly height to earthly abyss;
in whose creating power clouds stream,
stones are made moist, puddles become rivers,
and the earth exudes Life:
draw us to know you, inspire us with Wisdom, bring joy.

All praise to you,
source of worship, greatest prize of life:
by your hope and rich blessing
lead us to inherit the reward of Light. **Amen.**

Emyn ar gyfer pererindod bywyd

Arglwydd, arwain drwy'r anialwch
fi, bererin gwael ei wedd,
nad oes ynof nerth na bywyd,
fel yn gorwedd yn y bedd:
hollalluog
ydyw'r Un a'm cwyd i'r lan.

Colofn dân rho'r nos i'm harwain,
a rho golofn niwl y dydd;
dal fi pan fwy'n teithio'r mannau
geirwon yn y ffordd y sydd;
rho im fanna
fel na bwyf yn llwfwrhau.

Agor y ffynhonnau melys
sydd yn tarddu o'r graig i maes;
'r hyd yr anial mawr canlyned
afon iachawdwriaeth gras;
rho im hynny:
dim i mi ond dy fwynhau.

Ymddiriedaf yn dy allu,
mawr yw'r gwaith a wnest erioed:
ti gest angau, ti gest uffern,
ti gest Satan dan dy droed:
pen Calfaria
nac aed hwnnw byth o'm cof.

William Williams [Pant-y-Celyn], (1717~1791)

A hymn for the pilgrimage of life

Guide me, O thou great Redeemer,
pilgrim through this barren land;
I am weak, but thou art mighty;
hold me with thy powerful hand:
Bread of heaven,
feed me now and evermore.

Open now the crystal fountain
whence the healing stream doth flow;
let the fiery cloudy pillar
lead me all my journey through:
strong deliverer,
be thou still my strength and shield.

When I tread the verge of Jordan,
bid my anxious fears subside;
death of death, and hell's destruction,
land me safe on Canaan's side:
songs and praises
I will ever give to thee.

William Williams [Pant-y-Celyn], (1717~1791)
translated by Peter Williams (1723~1796)
and William Williams [Pant-y-Celyn]

Cantiglau boreol amgen

+ Te Deum Laudamus

Molwn di, O Dduw:
cydnabyddwn di yn Arglwydd;

Y mae'r holl greadigaeth yn d'addoli di:
y Tad tragwyddol.

I ti y cân yr holl angylion a holl rymoedd y nef:
y cerwbiaid a'r seraffiaid mewn mawl diderfyn,

Sanctaidd, sanctaidd, sanctaidd Arglwydd,
Dduw gallu a nerth:
y mae'r nefoedd a'r ddaear yn llawn o'th ogoniant.

Y mae gogoneddus gwmpeini'r apostolion yn dy foli:
y mae cymdeithas ardderchog y proffwydi yn dy foli,

Y mae byddin y merthyron:
yn eu gwisgoedd gwynion yn dy foli.

Y mae'r Eglwys lân drwy'r holl fyd yn dy foli:
y Tad o anfeidrol fawredd;

Dy wir ac unig Fab, sy'n deilwng o bob moliant:
a'r Ysbryd Glân, eiriolwr ac arweinydd.

Ti Grist yw Brenin y gogoniant:
ti yw tragwyddol Fab y Tad.

Pan gymeraist gnawd i'n rhyddhau ni:
dewisaist yn wylaidd groth y Wyryf.

Gorchfygaist golyn angau:
ac agor teyrnas nef i bawb sy'n credu.

Yr wyt yn eistedd ar ddeheulaw Duw mewn gogoniant:
yr ydym yn credu y deui di i'n barnu.

Tyrd, felly, O Arglwydd, a chynorthwya dy bobl:
a brynwyd â'th waed dy hun;

A dwg ni gyda'th saint:
i'r gogoniant tragwyddol.

Adnodau dewisol ar y dudalen nesaf ...

Alternative morning canticles

+ Te Deum Laudamus

We praise you, O God, we acclaim you as the Lord:
all creation worships you the Father everlasting.

To you all angels, all the powers of heaven:
the cherubim and seraphim sing in endless praise,

Holy, holy, holy Lord God of power and might:
heaven and earth are full of your glory.

The glorious company of apostles praise you:
the noble fellowship of prophets praise you
    the white-robed army of martyrs praise you.

Throughout the world the holy Church acclaims you:
Father of majesty unbounded;

Your true and only Son, worthy of all praise:
the Holy Spirit advocate and guide.

You Christ are the King of glory:
the eternal Son of the Father.

When you took our flesh to set us free:
you humbly chose the Virgin's womb.

You overcame the sting of death:
and opened the kingdom of heaven to all believers.

You are seated at God's right hand in glory:
we believe that you will come and be our judge.

Come then, Lord, and help your people:
bought with the price of your own blood;

And bring us with your saints:
to glory everlasting.

Optional verses are continued on the next page ...

Te Deum Laudamus (adnodau dewisol).

Arglwydd, achub dy bobl a bendithia dy etifeddiaeth:
llywodraetha hwy a'u cynnal yn awr a phob amser.

Ddydd ar ôl dydd bendithiwn di:
a molwn dy enw byth.

Cadw ni heddiw, O Arglwydd, yn ddibechod:
Arglwydd, trugarha wrthym, trugarha wrthym.

Arglwydd, dangos inni dy gariad a'th drugaredd:
oherwydd yr ydym yn ymddiried ynot.

Ynot ti, O Arglwydd, y mae ein gobaith:
na chywilyddier mohonom byth.

Cân gan St. Anselm (c.1033~1109)

Iesu, yr wyt yn cynnull dy bobl atat fel mam;
yr wyt yn addfwyn gyda ni fel mam gyda'i phlant.

Try anobaith yn obaith trwy dy ddaioni pêr;
trwy dy addfwynder cawn gysur pan fyddom mewn ofn.

Fe rydd dy gynhesrwydd fywyd i'r meirw,
gwna dy gyffyrddiad bechaduriaid yn uniawn.

Arglwydd Iesu, yn dy drugaredd iachâ ni;
yn dy gariad a'th diriondeb ail-grea ni.

Yn dy ras a'th drugaredd dwg ras a maddeuant,
a pharatoed dy gariad ni at brydferthwch y nef.

Te Deum Laudamus continued (optional verses).

> Save your people, Lord, and bless your inheritance:
> govern and uphold them now and always.
>
> Day by day we bless you:
> we praise your name for ever.
>
> Keep us today, Lord, from all sin:
> have mercy on us Lord, have mercy.
>
> Lord show us your love and mercy:
> for we have put our trust in you.
>
> In you, Lord is our hope:
> let us never be put to shame.

A song of St. Anselm (c.1033~1109)

> Jesus, like a mother you gather your people to you;
> you are gentle with us as a mother with her children.
>
> Despair turns to hope through your sweet goodness;
> through your gentleness we find comfort in fear.
>
> Your warmth gives life to the dead,
> your touch makes sinners righteous.
>
> Lord Jesus, in your mercy heal us;
> in your love and tenderness remake us.
>
> In your grace and compassion bring grace
>   and forgiveness,
> for the beauty of heaven may your love prepare us.

Yr Hwyrol Weddi

Arglwydd, mae yn nosi,
gwrando ar ein cri;
O bererin nefol,
aros gyda ni.

Howell Elvet Lewis [Elfed] (1860~1953)

Evening Prayer

**Lord, the day is darkening,
hearken to my plea,
thou our heavenly pilgrim,
O abide with me.**

Adapted from Howell Elvet Lewis [Elfed] (1860~1953)

Yr Hwyrol Weddi

Duw, brysia i'n cynorthwyo.
Arglwydd, prysura i'n cymorth.

**Gogoniant i'r Tad, ac i'r Mab,
ac i'r Ysbryd Glân;
fel yr oedd yn y dechrau, y mae yn awr,
ac y bydd yn wastad, yn oes oesoedd. Amen.**

Gweddi ddistaw / myfyrdod ar y diwrnod a fu.

Bydded fy ngweddi fel arogldarth o'th flaen,
ac estyniad fy nwylo fel offrwm hwyrol.
Arglwydd, trugarha.
Arglwydd, trugarha.

Yr Arglwydd yw fy mugail,
ni bydd eisiau arnaf.
Crist, trugarha.
Crist, trugarha.

Dysg i mi, Arglwydd, ffordd dy ddeddfau,
ac fe'i cadwaf hi i'r diwedd.
Arglwydd, trugarha.
Arglwydd, trugarha.

Y Salm*

Darlleniad o'r Hen Destament*

Gall cyfnod o fyfyrdod distaw ddilyn y darlleniad.

* Gweler tudalen 5

Daily with God

Evening Prayer

O God, make speed to save us.
O Lord, make haste to help us.

**Glory to the Father, and to the Son,
and to the Holy Spirit;
as it was in the beginning, is now,
and shall be for ever. Amen.**

A time of silent prayer / reflection on the past day.

Let my prayer rise before you as incense,
the lifting up of my hands as the evening sacrifice.
Lord, have mercy.
Lord, have mercy.

The Lord is my shepherd,
I shall not be in want.
Christ, have mercy.
Christ, have mercy.

Teach me, Lord, the way of your statutes,
and I shall keep it to the end.
Lord, have mercy.
Lord, have mercy.

The Psalm*

The Old Testament reading*

A time of silent reflection may follow each reading.

* See page 5

+ Cantigl o'r Efengyl ~ Magnificat

Y mae fy enaid yn mawrygu yr Arglwydd:
a gorfoleddodd fy ysbryd yn Nuw fy Ngwaredwr,

Am iddo ystyried:
distadledd ei lawforwyn.

Oherwydd wele o hyn allan:
fe'm gelwir yn wynfydedig gan yr holl genedlaethau,

Oherwydd gwnaeth yr hwn sydd nerthol bethau mawr i mi:
a sanctaidd yw ei enw ef;

Y mae ei drugaredd o genhedlaeth i genhedlaeth:
i'r rhai sydd yn ei ofni ef.

Gwnaeth rymuster â'i fraich:
gwasgarodd y rhai balch eu calon;

Tynnodd dywysogion oddi ar eu gorseddau:
a dyrchafodd y rhai distadl;

Llwythodd y newynog â rhoddion:
ac anfonodd y cyfoethogion ymaith yn waglaw.

Cynorthwyodd ef Israel ei was:
gan ddwyn i'w gof ei drugaredd –

Fel y llefarodd wrth ein hynafiaid:
ei drugaredd wrth Abraham a'i had yn dragywydd.

**Gogoniant i'r Tad, ac i'r Mab,
ac i'r Ysbryd Glân;
fel yr oedd yn y dechrau, y mae yn awr,
ac y bydd yn wastad, yn oes oesoedd. Amen.**

Darlleniad o'r Testament Newydd   *Gweler tudalen 5*

+ The Gospel canticle ~ Magnificat

My soul proclaims the greatness of the Lord:
my spirit rejoices in God my Saviour;

Who has looked with favour on his lowly servant:
From this day all generations will call me blessed;

The Almighty has done great things for me:
and holy is his name.

God has mercy on those who fear him:
from generation to generation.

The Lord has shown strength with his arm:
and scattered the proud in their conceit,

Casting down the mighty from their thrones:
and lifting up the lowly.

God has filled the hungry with good things:
and has sent the rich away empty.

He has come to the aid of his servant Israel:
to remember the promise of mercy,

The promise made to our forebears:
to Abraham and his children for ever.

**Glory to the Father, and to the Son,
and to the Holy Spirit;
as it was in the beginning, is now,
and shall be for ever. Amen.**

The New Testament reading *See page 5*

Beunydd gyda Duw

+ Credo'r Apostolion

Credaf yn Nuw, Dad hollgyfoethog,
creawdwr nefoedd a daear.

Credaf yn Iesu Grist, unig Fab Duw, ein Harglwydd ni,
a genhedlwyd o'r Ysbryd Glân,
a aned o Fair Forwyn,
a ddioddefodd dan Pontius Pilat,
a groeshoeliwyd, a fu farw ac a gladdwyd;
disgynnodd i blith y meirw.
Ar y trydydd dydd fe atgyfododd;
esgynnodd i'r nefoedd,
ac y mae'n eistedd ar ddeheulaw'r Tad,
ac fe ddaw i farnu'r byw a'r meirw.

Credaf yn yr Ysbryd Glân,
yr Eglwys lân gatholig,
cymun y saint,
maddeuant pechodau,
atgyfodiad y corff,
a'r bywyd tragwyddol. Amen.

+ Gweddi'r Arglwydd

Y mae'r Arglwydd yma.
Y mae ei Ysbryd gyda ni.

Ein Tad …

(Gweler y tu mewn i'r clawr blaen)

Gall ymbiliau ddilyn yma; gweler tudalen 4.

+ The Apostles' Creed

I believe in God, the Father almighty,
creator of heaven and earth.

I believe in Jesus Christ, God's only Son, our Lord.
who was conceived by the Holy Spirit,
born of the Virgin Mary,
suffered under Pontius Pilate,
was crucified, died and was buried;
He descended to the dead.
On the third day he rose again;
He ascended into heaven,
and is seated at the right hand of the Father,
and he will come to judge the living and the dead.

I believe in the Holy Spirit,
the holy catholic Church,
the communion of saints,
the forgiveness of sins,
the resurrection of the body,
and the life everlasting. Amen.

+ The Lord's Prayer

The Lord is here.
His Spirit is with us.

Our Father …

(See inside front cover)

Prayers of intercession may follow here; see page 4.

Colect hwyrol

Goleua ein tywyllwch, gweddïwn arnat, O Arglwydd,
ac yn dy fawr drugaredd amddiffyn ni
    rhag pob perygl ac enbydrwydd y nos hon;
trwy gariad dy unig Fab,
ein Gwaredwr Iesu Grist. **Amen**.

Neu

Greawdwr y bydysawd, gwylia drosom
a chadw ni yng ngoleuni dy bresenoldeb.
Bydded ein moliant mewn cynghanedd gyson
    â moliant y cread cyfan,
a dwg ni,
ynghyd â phawb yr ydym yn gweddïo drostynt,
i'r llawenydd tragwyddol
    yr wyt yn ei addo inni yn dy gariad;
trwy Iesu Grist ein Gwaredwr. **Amen**.

Yr Arglwydd a fo gyda chwi.
A hefyd gyda thi.

Bendithiwn yr Arglwydd.
I Dduw y bo'r diolch.

**Bendithied yr Arglwydd ni,
cadwed ni rhag drwg
a'n dwyn i fywyd tragwyddol. Amen.**

Evening collect

Lighten our darkness, Lord, we pray,
and by your great mercy defend us
    from all perils and dangers of this night;
for the love of your only Son,
our Saviour Jesus Christ. **Amen**.

Or

Creator of the universe, watch over us
and keep us in the light of your presence.
Let our praise continually blend
    with that of all creation,
and bring us,
with all for whom we pray,
to the eternal joys
    which you promise in your love;
through Jesus Christ our Saviour. **Amen**.

The Lord be with you.
And also with you.

Let us bless the Lord.
Thanks be to God.

**The Lord bless us
and preserve us from all evil,
and keep us in eternal life. Amen.**

Gweddïau hwyrol ychwanegol

Colect am burdeb
Dad y gogoniant, sanctaidd a thragwyddol,
edrych arnom yn awr mewn gallu a thrugaredd.
Bydded i'th nerth orchfygu ein gwendid,
i'th lewyrch oleuo ein dallineb,
ac i'th Ysbryd ein denu at y cariad hwnnw
    sy'n cael ei ddangos a'i gynnig inni gan dy Fab,
ein Gwaredwr Iesu Grist. **Amen.**

Emyn hynafol wrth gynnau'r lampau
O rasol oleuni,
llewyrch pur y Tad bythfywiol yn y nefoedd:
O sanctaidd a bendigaid Iesu Grist!

Yn awr, a ninnau'n nesáu at fachlud haul:
a'n llygaid yn gweld goleuni'r hwyr,
canwn dy fawl, O Dduw:
Tad, Mab ac Ysbryd Glân.

O Fab Duw, Rhoddwr bywyd,
teilwng wyt ti bob amser o foliant lleisiau llawen:
ac i'th ogoneddu drwy'r bydoedd oll.

Gweddi gan Alcuin o Gaerefrog (c.735~804)
Oleuni tragwyddol, llewyrcha i'n calonnau;
ddaioni tragwyddol, gwared ni rhag drwg;
nerth tragwyddol, cynnal ni;
ddoethineb tragwyddol;
    gwasgara dywyllwch ein hanwybodaeth,
dosturi tragwyddol, trugarha wrthym;
fel y ceisiom dy wyneb
    â'n holl galon ac â'n holl feddwl
ac â'n holl enaid ac â'n holl nerth,
a'n dwyn gan dy drugaredd diderfyn
    i'th wyddfod sanctaidd;
trwy Iesu Grist ein Harglwydd. **Amen.**

Additional prayers for the evening

Collect for purity
Father of glory, holy and eternal,
look upon us now in power and mercy;
may your strength overcome our weakness,
your radiance transform our blindness,
and your Spirit draw us to that love
    shown and offered to us by your Son,
our Saviour, Jesus Christ. **Amen.**

An ancient hymn at the lighting of the lamps
O gracious light,
pure brightness of the everliving Father in heaven,
O Jesus Christ, holy and blessed!

Now, as we come to the setting of the sun
    and our eyes behold the evening light,
we sing your praises, O God:
Father, Son and Holy Spirit.

You are worthy at all times to be praised
    by happy voices.
O Son of God, O Giver of life,
and to be glorified through all the worlds.

A prayer of Alcuin of York (c.735~804)
Eternal light, shine into our hearts;
eternal goodness, deliver us from evil;
eternal power, be our support;
eternal wisdom, scatter the darkness of our ignorance;
eternal pity, have mercy upon us;
that with all our heart and mind and soul and strength
    we may seek your face
and be brought by your infinite mercy
    to your holy presence;
through Jesus Christ our Lord. **Amen.**

Gweddi gan St. Richard o Chichester (c.1197~1253)
Arglwydd Iesu Grist, diolchwn i ti
am bob budd a enillaist inni,
am bob poen a gwawd a ddygaist drosom ni.
Drugarocaf Waredwr,
frawd a chyfaill,
bydded inni dy adnabod yn well,
dy garu'n anwylach,
a'th ddilyn yn agosach,
ddydd ar ôl dydd. **Amen.**

Gweddi gan St. Awstin o Hippo (354~430)
Dduw tragwyddol,
goleuni'r meddyliau sy'n dy adnabod,
llawenydd y calonnau sy'n dy garu,
a nerth yr ewyllys sy'n dy wasanaethu;
caniatâ inni felly dy adnabod
    fel y carom di mewn gwirionedd,
ac felly dy garu fel y gwasanaethom o ddifrif dydi,
y mae dy wasanaethu yn rhyddid perffaith,
trwy Iesu Grist ein Harglwydd. **Amen.**

Gweddi a ysbrydolwyd gan St. Teresa o Avila (1515~1582)
Anwylaf Grist, nid oes gennyt gorff ar y ddaear
    ond yr hyn sydd gennym ni,
na dwylo na thraed ond yr eiddom ni:
drwy ein llygaid ni y sylli di mewn trugaredd ar y byd;
â'n traed ni y cerddi di'r ddaear i wneud daioni;
â'n dwylo ni yr wyt ti'n bendithio'r byd.
    Ni yw dy Gorff, O Grist,
    yn nerth yr Ysbryd Glân,
    llanw ni â'th gariad. **Amen.**

A prayer of St. Richard of Chichester (c.1197~1253)
Thanks be to you, my Lord Jesus Christ,
for all the benefits that you have won for us,
for all the pains and insults
   that you have borne for us.
Most merciful Redeemer,
friend and brother,
may we know you more clearly,
love you more dearly,
and follow you more nearly,
day by day. **Amen.**

A prayer of St. Augustine of Hippo (354~430)
Eternal God,
the light of the minds that know you,
the joy of the hearts that love you,
and the strength of the wills that serve you;
make us so to know you
   that we may truly love you,
so to love you
   that we may fully serve you,
whose service is perfect freedom,
through Jesus Christ our Lord. **Amen.**

A prayer inspired by St. Teresa of Avila (1515~1582)
Christ, you have no body on earth but ours,
no hands, no feet but ours:
through our eyes you look in compassion on this world;
through our feet you walk about doing good,
through our hands you bless the world.
   Christ, we are your Body,
   in the power of the Holy Spirit,
   fill us with your love. **Amen.**

+ Y Diolch Cyffredinol

Hollalluog Dduw, drugarog Dad,
ffynhonnell pob sancteiddrwydd a gras,
diolchwn iti am dy ddaioni a'th gariad diderfyn
    tuag atom ni a'r holl greadigaeth.
Diolchwn i ti am ein creu a'n cynnal
a'n hamgylchynu â'th fendithion;
ond o'th holl roddion, rhown iti y diolch pennaf
am iti, yn dy gariad, sydd y tu hwnt i'n gallu ni i'w fynegi,
roi inni dy Fab ein Harglwydd Iesu Grist
i adfer ac iacháu dynolryw.
Moliannwn di, O Dad,
am holl sianelau dy ras,
ac am obaith cael rhannu dy ogoniant.
Goleua ein calonnau a'n meddyliau
a dangos inni fawredd dy gariad,
fel y diolchwn i ti yn ddiffuant,
nid trwy dy foliannu â'n gwefusau yn unig
ond trwy ymroi i'th wasanaethu'n gyfiawn
    yn ein bywydau.
Gofynnwn hyn oll trwy Iesu Grist ein Harglwydd,
sydd, gyda thi a'r Ysbryd Glân,
yn un Duw, yn awr a byth.

Halelwia. **Amen.**

+ The General Thanksgiving

Almighty God, merciful Father,
source of all holiness and grace,
we thank you for your goodness and unending love
 to us and all creation.
We thank you for making and sustaining us
and surrounding us with your blessings;
but of all your gifts we thank you most
that in your love, beyond our power to express,
you gave your Son, our Lord Jesus Christ
to restore and heal the human race.
We praise you, Father,
for all the channels of your grace,
and for the hope of sharing your glory.
Enlighten our hearts and minds
and show us the greatness of your love,
that our gratitude may be sincere:
not only the praise of our lips
but the offering of our lives,
dedicated and righteous in your service.
All this we ask through Jesus Christ our Lord,
with you and the Holy Spirit
one God, now and ever.

Alleluia. **Amen.**

Gweddi'r Nos

Y dydd yn awr aeth heibio,
diolchwn, Iôr, i ti;
heb ddrwg na niwed heno
boed oriau'r nos i ni:
gad inni dan dy adain fod,
a chadw ni trwy'r nos sy'n dod.

Emyn Groeg o'r Chweched Ganrif

Night Prayer

Now the day is over,
night is drawing nigh;
shadows of the evening
steal across the sky.

Through the long night watches
may thine angels spread
their white wings above me,
watching round my bed.

Sabine Baring-Gould (1834~1924)

Gweddi'r Nos

Rhodded yr Arglwydd hollalluog inni noson heddychlon,
a diwedd perffaith.

**Gogoniant i'r Tad, ac i'r Mab,
ac i'r Ysbryd Glân;
fel yr oedd yn y dechrau, y mae yn awr,
ac y bydd yn wastad, yn oes oesoedd. Amen.**

Gweddi ddistaw / myfyrdod ar y diwrnod a fu.

Bendithiaf yr Arglwydd, sy'n rhoi imi gyngor.
Y mae fy nghalon yn fy nysgu, nos ar ôl nos.
Arglwydd, trugarha.
Arglwydd, trugarha.

Disgwyliasom yn ddistaw
    am dy drugaredd, O Dduw,
yng nghanol dy deml.
Crist, trugarha.
Crist, trugarha.

Gorweddaf mewn tangnefedd, a chysgu ar unwaith,
canys ti yn unig, Arglwydd,
a wna imi breswylio mewn diogelwch.
Arglwydd, trugarha.
Arglwydd, trugarha.

Y Salm   Gweler tudalen 5

Y Darlleniad
Yr wyt yn ein mysg ni, Arglwydd;
dy enw di a roddwyd arnom;
paid â'n gadael.

Jeremeia 14. 9b

Gall ysbaid o fyfyrdod distaw ddilyn y darlleniad.

Daily with God

Night Prayer

The Lord almighty grant us a quiet night,
and a perfect end.

**Glory to the Father, and to the Son,
and to the Holy Spirit;
as it was in the beginning, is now,
and shall be for ever. Amen.**

A time of silent prayer / reflection on the past day.

I will bless the Lord who gives me counsel.
My heart teaches me, night after night.
Lord, have mercy.
Lord, have mercy.

We have waited in silence
   on your loving kindness, God,
in the midst of your temple.
Christ, have mercy.
Christ, have mercy.

I lie down in peace, at once I fall asleep,
for only you, Lord,
make me dwell in safety.
Lord, have mercy.
Lord, have mercy.

The Psalm *See page 5*

The Reading
You, O Lord, are in the midst of us,
and we are called by your name;
do not leave us, O God.

Jeremiah 14. 9b

A time of silent reflection may follow the reading.

+ Cantigl o'r Efengyl ~ Nunc Dimittis

Yn awr yr wyt yn gollwng dy was yn rhydd, O Arglwydd:
mewn tangnefedd yn unol â'th air;

Oherwydd y mae fy llygaid wedi gweld dy iachawdwriaeth
a ddarperaist yng ngŵydd yr holl bobloedd:

Goleuni i fod yn ddatguddiad i'r Cenhedloedd:
ac yn ogoniant i'th bobl Israel.

Gogoniant i'r Tad, ac i'r Mab,
ac i'r Ysbryd Glân;
fel yr oedd yn y dechrau, y mae yn awr,
ac y bydd yn wastad, yn oes oesoedd. Amen.

I'th ddwylo di, O Arglwydd, y cyflwynaf fy ysbryd,
oherwydd ti a'm prynaist,
Arglwydd Dduw'r gwirionedd.

Cadw fi fel cannwyll dy lygad.
Cuddia fi o dan gysgod dy adenydd. Amen.

+ Gweddi'r Arglwydd

Y mae'r Arglwydd yma.
Y mae ei Ysbryd gyda ni.

Ein Tad …

(Gweler y tu mewn i'r clawr blaen)

+ The Gospel canticle ~ Nunc Dimittis

Lord, now you have set your servant free:
to go in peace as you have promised.

For these eyes of mine have seen your salvation:
which you have prepared for all the world to see;

A light to reveal you to the nations:
and to give glory to your people Israel.

Glory to the Father, and to the Son,
and to the Holy Spirit;
as it was in the beginning, is now,
and shall be for ever. Amen.

Into your hands, Lord, I commit my spirit,
for you have redeemed me,
Lord God of truth.

Keep me as the apple of your eye.
Hide me under the shadow of your wings.

+ The Lord's Prayer

The Lord is here.
His Spirit is with us.

Our Father …

(See inside front cover)

Colect nos a gweddi derfynol

Ymwêl â'r tŷ hwn, gweddïwn, O Arglwydd,
gyr ymaith ymhell ohono holl faglau'r gelyn;
arhosed dy angylion sanctaidd gyda ni
i'n gwarchod mewn tangnefedd,
a bydded dy fendith bob amser arnom;
trwy Iesu Grist ein Harglwydd. **Amen.**

> **Gwared ni, Arglwydd, pan fyddom yn effro,
> gwylia drosom pan fyddom yn cysgu,
> fel, pan fyddom yn effro, y cawn wylio gyda Christ,
> a phan fyddom ynghwsg,
>   y cawn orffwys mewn tangnefedd. Amen.**

Neu

Aros gyda ni, Arglwydd Iesu,
oherwydd y mae hi'n nosi, a'r dydd yn dirwyn i ben.
Fel y bydd gwylwyr y nos yn disgwyl am y bore,
felly y disgwyliwn ninnau amdanat ti, Arglwydd.
Ar doriad y wawr
   amlyga dy hun inni ar doriad y bara. **Amen.**

> **Gwared ni, Arglwydd, pan fyddom yn effro,
> gwylia drosom pan fyddom yn cysgu;
> fel, pan fyddom yn effro, y cawn wylio gyda Christ,
> a phan fyddom ynghwsg,
>   y cawn orffwys mewn tangnefedd. Amen.**

Night collect and concluding prayer

Visit this house, Lord, we pray,
drive far from it all the snares of the enemy;
may your holy angels dwell with us
and guard us in peace
and may your blessing be always upon us;
through Jesus Christ our Lord. **Amen**.

> **Save us, Lord, while waking,**
> **and guard us, while sleeping;**
> **that, awake, we may watch with Christ**
> **and, asleep we may rest in peace. Amen.**

Or

Stay with us, Lord Jesus,
for the night is at hand and the day is now past.
As the night watch longs for the morning,
so do we long for you, Lord.
Come to us at the dawning of the day
and make yourself known to us
   in the breaking of the bread. **Amen**.

> **Save us, Lord, while waking,**
> **and guard us, while sleeping;**
> **that, awake, we may watch with Christ**
> **and, asleep, we may rest in peace. Amen.**

Gweddïau ychwanegol ar gyfer oriau'r nos

Gweddi gyffes
Drugarocaf Dad,
cyffeswn wrthyt,
gerbron holl gwmpeini nef a gerbron ein gilydd,
inni bechu ar feddwl, gair a gweithred
ac yn yr hyn na wnaethom.
Maddau inni ein pechodau,
iachâ ni trwy dy Ysbryd
a chyfoda ni i fywyd newydd yng Nghrist. **Amen.**

Bydded i'r hollalluog Dduw drugarhau wrthym,
maddau i ni ein pechodau
a'n dwyn i fywyd tragwyddol;
trwy Iesu Grist ein Harglwydd. **Amen.**

Gweddi gan St. Anselm (c.1033~1109)
O Arglwydd ein Duw,
dyro inni ras i'th geisio â'n holl galon;
fel, o'th geisio, y caffom di;
ac, o'th gael, y carom di;
ac, o'th garu, y casaom y pechodau hynny
    y gwaredaist ni rhagddynt;
trwy Iesu Grist ein Harglwydd. **Amen.**

Gweddi Iesu
Arglwydd Iesu Grist,
Fab y Duw byw,
trugarha wrthyf i, bechadur.

Additional prayers for the night-time

A prayer of confession
Most merciful God,
we confess to you,
before the whole company of heaven and one another,
that we have sinned in thought, word and deed
and in what we have failed to do.
Forgive us our sins,
heal us by your Spirit
and raise us to new life in Christ. **Amen**.

May almighty God have mercy on us,
forgive us our sins
and bring us to everlasting life;
through Jesus Christ our Lord. **Amen**.

A prayer of St. Anselm (c.1033~1109)
O Lord our God,
give us grace to desire you with our whole heart;
that so desiring, we may seek and find you;
and so finding, may love you;
and so loving, may hate those sins
    from which you have delivered us;
through Jesus Christ our Lord. **Amen.**

The Jesus prayer
Lord Jesus Christ,
Son of the Living God,
have mercy on me, a sinner.

Gweddi a ysbrydolwyd gan Julian o Norwich (c.1433~1416)

O Dduw, o'th ddaioni, dyro dy hun i ni,
oherwydd ti yn unig sy'n ein diwallu ni.
Ni allwn ofyn am ddim llai, i fod yn deilwng ohonot ti:
pe gofynnem am lai, byddem wastad mewn eisiau,
oherwydd ynot ti mae gennym bopeth sy'n hanfodol i ni.

Dad Hollalluog,
yr wyt yn dwyn llawenydd inni,
    yn ein gwarchod a'n cadw.
O Grist, yr wyt yn ein hadnewyddu a'n hachub.
Ein Mam, ein Brawd a'n Gwaredwr,
gyda'n Harglwydd yr Ysbryd Glân,
fe'n llenwi ni â'th ras rhyfeddol a helaeth.
Ein Creawdwr, ein Cariad a'n Diogelwr, ti yw ein dillad,
yn ein cylchynu a'n cofleidio â'th gariad:
trwy dy ras dyro inni wybod y peri di
    i bopeth fod yn dda, i bopeth fod yn dda,
i bob math o bethau fod yn dda. **Amen.**

Gweddi a ysbrydolwyd gan Ann Griffiths (1776~1805)

Diolch byth, a chanmil diolch,
diolch tra bo ynwy' i chwyth,
am fod gwrthrych i'w addoli
a thestun cân i bara byth. **Amen.**

A prayer inspired by Julian of Norwich (c.1433~1416)

God, of your goodness give us yourself,
for you alone are sufficient for us.
We can ask for nothing less, to be worthy of you:
if we were to ask less, we should always be in want,
for in you do we have all that we need.

Almighty Father,
you bring us joy, you guard and keep us.
Christ, you restore and save us.
Our Mother, Brother, and Saviour,
with our Lord the Holy Spirit,
you fill us with your marvellous and plenteous grace.
Our Maker, Lover and Keeper, you are our clothing,
wrapping and enfolding us in your love:
by your grace lead us to know that in you
    all shall be well, and all shall be well,
and all manner of things shall be well. **Amen.**

A prayer inspired by Ann Griffiths (1776~1805)

Thank heaven, and a hundred thousand thanks,
thanks whilst my breath remains;
for there is One who may be praised:
the essence of a song from age to age. **Amen.**

+ Veni, Creator Spiritus

Creawdwr Ysbryd, tyrd, ymwêl
â'r calonnau nodwyd gynt â'th sêl;
cyflenwa'n holl fynwesau ni
â nefol ras dy gariad di.

Diddanydd dyn y'th elwir di,
y dwyfol ddawn o uchel fri;
Ti, ffynnon fywiol, nefol dân,
ysbrydol ennaint i'r rhai glân.

Ti, seithryw rodd i ddynol-ryw,
Ti, gadarn fys deheulaw Duw;
Tydi, addewid wir y Tad,
yn coethi'r llais â'th ddoniau rhad.

Goleua'n pwyll â'th olau llon,
a thywallt gariad pur i'r fron;
gwendidau'r corff O cymorth di
 â nerth gwastadol oddi fry.

Ein gelyn ymlid di ar frys,
a dyro heddwch yn ddi-lys;
o dan dy ddoeth arweiniad hy
 dihangwn rhag pob niwed sy.

Rho wobrwy gwir lawenydd nef,
rho amal ddawn dy rinwedd gref;
cadwynau cynnen gas rhyddha,
cyfamod heddwch cadarnha.

I'r Tad a'r Mab y byddo clod,
a'r Ysbryd Sanctaidd, Ddwyfol Fod;
anfoner arnom, fawr a mân,
anrhaethol ddawn yr Ysbryd Glân. **Amen.**

Archesgob Charles Green (1864~1944)

+ Veni, Creator Spiritus

Come, Holy Ghost, our souls inspire
and lighten with celestial fire;
Thou the anointing Spirit art,
who dost Thy sevenfold gifts impart.

Thy blessed unction from above
is comfort, life and fire of love;
enable with perpetual light
    the dullness of our blinded sight.

Anoint and cheer our soiled face
with the abundance of Thy grace;
keep far our foes, give peace at home,
where Thou art guide no ill can come.

Teach us to know the Father, Son,
and Thee, of both, to be but one;
that through the ages all along
    this may be our endless song;

Praise to Thy eternal merit,
Father, Son and Holy Spirit. **Amen.**

John Cosin (1594~1672)

Yr Examen[†]

Ffordd o fyfyrio ar bresenoldeb Duw yn fy mywyd a'm hymateb i i'w gariad.

Duw, fy Annwyl Dad, yw Duw pob peth. Mae ef yn bresennol ac ar waith ym mhob haenen o'r byd, ym mhob darn o fywyd fy nheulu ac ym mhob manylyn o'm profiad.

Rhaid i mi adael i Dduw fod yn Dduw; rhaid i mi adael i Dduw fod yn Arglwydd ar bob un darn a rhan o'm bywyd. Felly ceisiaf dalu sylw i'w bresenoldeb ac ymateb yn gymwys.

Mae pum cam:

1. Rhaid ymlonyddu, ymlacio a distewi, a synhwyro bod Duw yna wrth eich ochr, yn llawn cariad tuag atoch. Darluniwch dad y mab afradlon neu ddelwedd dyner arall o'r Efengylau.

2. Gwahoddwch Dduw i'ch arwain. Gofynnwch iddo eich helpu i weld trwy ei lygaid ef y gwirionedd sydd ganddo'n nod i chi. Cadwch Dduw yn y canol. (Dyma gam bach pwysig sy'n rhoi Duw wrth y llyw ac yn eich atal i ganoli arnoch chi eich hun – nid dim ond breuddwydio'r dydd na hel atgofion ond deall trwy ras.)

3. Adolygwch eich diwrnod, a Duw wrth eich ochr, yn edrych gyda'ch gilydd awr wrth awr ar brif ddigwyddiadau'r dydd. Sylwch ar y teimladau. Peidiwch â dadansoddi ond ewch drwy'r diwrnod â chalon ddiolchgar, wyliadwrus.

4. Gofynnwch ddau bâr o gwestiynau i chi eich hun:
   a. Am beth oeddech chi fwyaf diolchgar heddiw? Beth oedd eich moment orau?
   b. Am beth oeddech chi leiaf diolchgar heddiw? Lle bu'r ymdrech fwyaf?

   Siaradwch yn uniongyrchol â Iesu, ffrind wrth ffrind, am y ddeubeth hyn. Rhowch gyfle i Dduw siarad hefyd.

5. Diolchwch am yr holl fendithion a gafwyd a deallwch y bydd Duw yn gofalu amdanoch yfory hefyd. Gweddïwch am yfory yn hyderus yn yr Arglwydd. Gorffennwch â'r 'Ein Tad …'.

Fel a ddefnyddir gan 'Ymestyn Allan' St Beuno a gyda'u caniatâd caredig.

[†] - Gweler tudalen 58

Daily with God

The Examen[†]

A way of reflecting upon God's presence in my life and my response to his love.

God, my Loving Father, is the God of all things. He is present and at work in every aspect of the world, in every bit of my family life and in every detail of my own experience.

I must let God be God; I must allow God to be the Lord of each and every part of my life. Therefore I will try to pay attention to his presence and to respond accordingly.

There are five steps:

1. Become still, relaxed and quiet, aware that God is there by your side, full of love for you. Picture the prodigal son's father or some other loving image from the Gospels.

2. Invite God to be your guide. Ask him to help you see through his eyes the truth he's leading you to. Keep God in the centre. (This is an important little step that puts God at the helm and stops it becoming a navel-gazing activity - not just daydreaming or reminiscing but graced understanding.)

3. Review your day with God by your side, looking together hour by hour at the main events of the day. Notice the feelings. Try not to analyse, but go through the day with a grateful and watchful heart.

4. Ask yourself two pairs of questions:
    a. What were you most grateful for today?
       What was your best moment?
    b. What were you least grateful for today?
       Where did you struggle most?

    Talk directly to Jesus, friend to friend, about these two times. Give God a chance to get a word in too.

5. Give thanks for all the blessings received and know that God will look after you tomorrow as well. Pray about tomorrow with confidence in the Lord. End with 'Our Father ...'.

As used at and with kind permission of St Beuno's Outreach.

† - See page 58

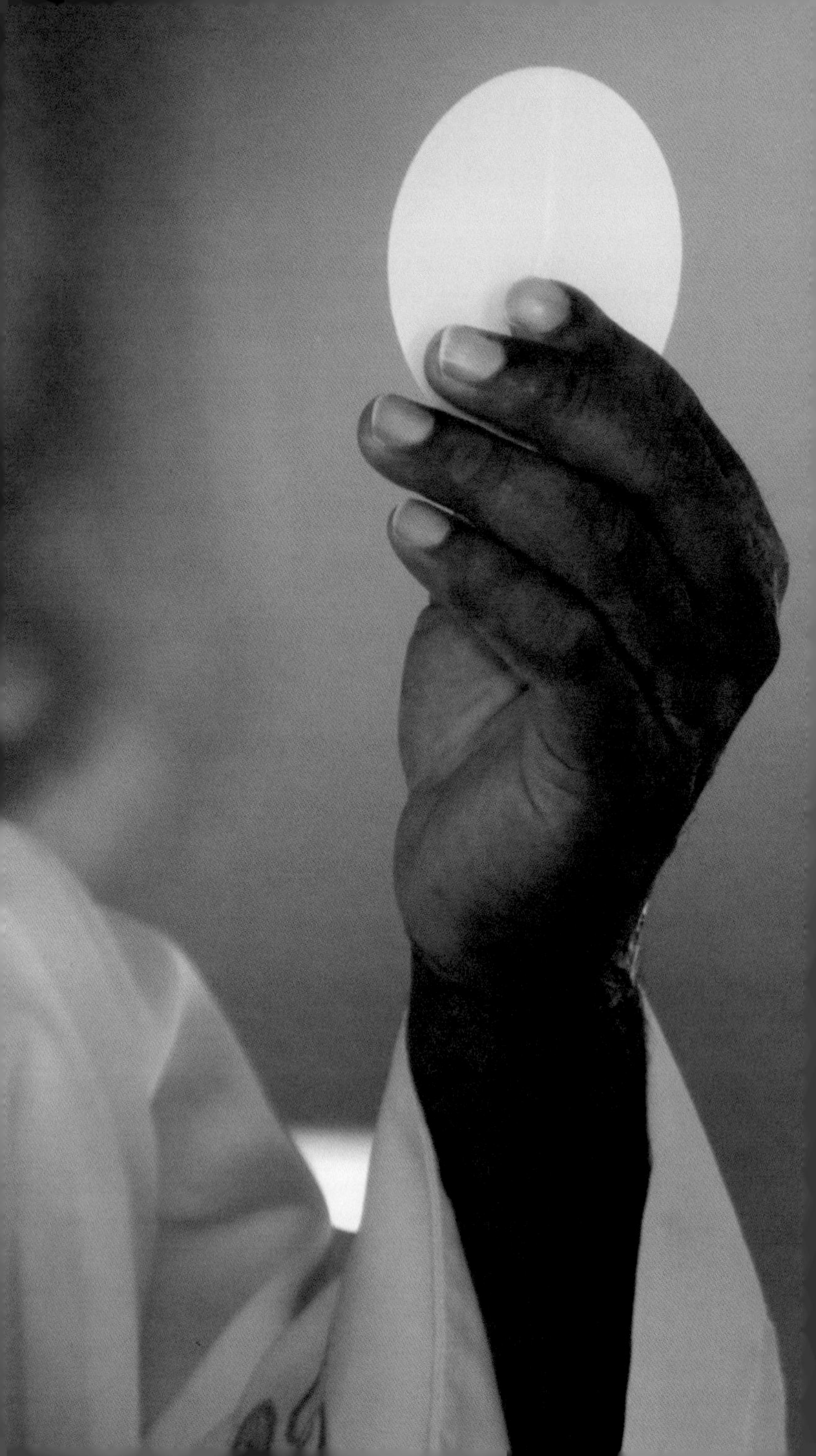

Cymun Bendigaid

Chwi rai newynog, tlawd, nesewch,
o amgylch Bwrdd Meseia dewch;
gwrandewch ei lais a'i alwad e –
mae'r Iesu'n dweud bod eto le.

Darparodd Iesu nefol Wledd,
ein gwahodd mae i gaffael hedd;
derbyniwn bawb ei gynnig e –
mae'r Iesu'n dweud bod eto le.

Dafydd Jones [Caeo] (1711~1777)

Holy Communion

O drink and bread,
which strikes Death dead,
the food of man's immortal being!
Under veils here
thou art my cheer,
present and sure without my seeing.

From 'The Feast' by Henry Vaughan (1621~1695)

Paratoi ar gyfer y Cymun

Arglwydd, nid wyf yn deilwng i'th dderbyn,
ond dywed y gair a chaf fy iacháu.

Cf. Mathew 8. 8

Bara'r nefoedd, arnat ti,
ar dy Gnawd ymborthwn ni,
bara gwir y bywyd yw,
lluniaeth enaid, Bara Duw:
beunydd nerther ni bob un
trwy ei fywyd ef ei hun.

Ti, Winwydden nefol, llawn
ydyw cwpan Gwaed yr Iawn;
Arglwydd, yn dy Groes a'th glwy'
mae'n hiachâd a'n bywyd mwy;
impier, gwreiddier, selier ni,
Iesu'n wastad ynot ti.

Josiah Condor (1789~1855),
cyf. David Lewis [Ap Ceredigion] (1870~1948)

Rho in gofio angau Iesu
gyda diolchiadau llawn;
a chael derbyn o rinweddau
maith ei wir achubol Iawn;
bwyta'i gnawd trwy ffydd ddiffuant,
yfed gwaed ei galon friw;
byw a marw yn ei heddwch –
o'r fath wir ddedwyddwch yw!

Addfwyn Iesu, dangos yma
ar dy fwrdd d'ogoniant mawr;
megis gynt wrth dorri bara,
ymddatguddia inni'n awr;
bydd yn wledd ysbrydol inni
er cyfnerthu'n henaid gwan;
gad in brofi o'r grawnsypiau
nes cael gwledd y nef i'n rhan.

Robert Isaac Jones [Alltud Eifion] (1815~1905)

Preparation for Communion

Lord, I am not worthy to receive you,
but only say the word, and I shall be healed.

Cf. Matthew 8. 8

Bread of heaven, on thee we feed,
for thy flesh is meat indeed;
ever may our souls be fed
with this true and living bread,
day by day with strength supplied
through the life of him who died.

Vine of heaven, thy blood supplies
this blest cup of sacrifice.
Lord, thy wounds our healing give,
to thy cross we look and live.
Jesus, may we ever be
grafted, rooted, built on thee.

Josiah Condor (1789~1855)

Here O my Lord I see thee face to face,
here faith would touch and handle things unseen;
here grasp with firmer hand the eternal grace,
and all my weariness upon thee lean.

Here would I feed upon the bread of God,
here drink with thee the royal wine of heaven;
here would I lay aside each earthly load,
here taste afresh the calm of sin forgiven.

I have no other help, nor do I need
another arm, save thine, to lean upon;
it is enough, my Lord, enough indeed –
my strength is in thy might, thy might alone.

Horatius Bonar (1808~1889)

Yn ystod y Cymun

+ Anima Christi

Enaid Crist, sancteiddia fi.
Gorff Crist, achub fi.
Waed Crist, adnewydda fi.
Ddŵr o ystlys Crist, golch fi.
Ddioddefaint Crist, nertha fi.
Iesu da, clyw fi.
Yn dy glwyfau, cuddia fi.
Na ad fy ngwahanu oddi wrthyt ti.
Rhag y gelyn maleisus, amddiffyn fi.
    Yn awr angau, galw fi,
    A gwahodd fi atat ti,
    Fel, gyda'th saint, y molaf di,
hyd byth ac yn dragywydd. **Amen.**

(c.14^{eg} ganrif)

Meddai Iesu,
'Myfi yw bara'r bywyd. Ni bydd eisiau bwyd byth ar y sawl sy'n dod ataf fi, ac ni bydd syched byth ar y sawl sy'n credu ynof fi. Myfi yw'r bara bywiol hwn a ddisgynnodd o'r nef. Caiff pwy bynnag sy'n bwyta o'r bara hwn fyw am byth. A'r bara sydd gennyf fi i'w roi yw fy nghnawd; a'i roi a wnaf dros fywyd y byd.'

Ioan 6. 35, 51

During Communion

+ Anima Christi

Soul of Christ, sanctify me.
Body of Christ, save me.
Blood of Christ, refresh me.
Water, flowing from the side of Christ, wash me.
Passion of Christ, strengthen me.
O good Jesus, hear me.
Within your wounds hide me.
From the malicious enemy defend me.
Suffer me not to be separated from you;
>but in the hour of death call me,
>and bid me come to you,
>where, with your saints,
>I may praise you for all eternity. **Amen.**

(c.14th century)

Jesus said,
'I am the bread of life. Whoever comes to me will never be hungry, and whoever believes in me will never be thirsty. I am the living bread that came down from heaven. Whoever eats of this bread will live for ever; and the bread that I will give for the life of the world is my flesh.'

John 6. 35, 51

Gweddïau Ôl-Gymun

Gyda'r saint anturiais nesu,
dan fy maich, at allor Duw:
bwrdd i borthi'r tlawd newynog,
bwrdd i nerthu'r egwan yw;
cefais yno, megis, gyffwrdd
corff drylliedig Iesu glân,
yn y fan fe doddai 'nghalon
fel y cwyr o flaen y tân.

Morris Williams [Nicander] (1809~1874)

Ei Gnawd a'i Waed sy'n fwyd yn wir
i'r nefol natur newydd;
a'r sawl sy'n bwyta a fydd byw
fry gyda Duw'n dragywydd.

Fe brynodd Crist â'i werthfawr Waed
i'r caeth ryddhad tragwyddol;
a'r Arglwydd byw a aeth i'r bedd,
i ni gael annedd nefol.

Benjamin Francis (1734~1799)

Arglwydd Iesu Grist,
diolchwn i ti am adael inni yn y sacrament rhyfeddol hwn
goffâd o'th ddioddefaint:
caniatâ inni felly barchu dirgeleddau sanctaidd
dy gorff a'th waed
fel y profwn ynom ein hunain
ac egluro yn ein bywydau
ffrwyth dy gariad achubol di;
oherwydd yr wyt yn fyw ac yn teyrnasu, yn awr ac am byth.
Amen.

Gweddi Ôl-Gymun Dydd Iau Cablyd

Prayers after Communion

Author of life divine,
who hast a table spread,
furnished with mystic wine and everlasting bread;
preserve the life thyself hast given
and feed and train us up for heaven.

Our needy souls sustain
with fresh supplies of love;
'til all thy life we gain and all thy fullness prove;
and, strengthened by thy heavenly grace,
behold without a veil thy face.

John Wesley (1703~1791)

Jesus, my Lord, I thee adore:
O, make me love thee more and more.

Henry Collins (1827~1919)

O come to my heart Lord Jesus;
there is room in my heart for thee.

Emily Elliot (1836~1897)

Lord Jesus Christ,
we thank you that in this wonderful sacrament
you have given us the memorial of your passion:
grant us so to reverence the sacred mysteries
of your body and blood
that we may know within ourselves
and show forth in our lives
the fruit of your redemption,
for you are alive and reign, now and for ever.
Amen.

Post Communion Prayer for Maundy Thursday

Gweithred o Gymun Ysbrydol

I'w arfer pan nad yw'n bosibl mynychu'r Cymun Bendigaid.

Yn enw'r Tad,
a'r Mab, a'r Ysbryd Glân. **Amen**.

Iesu, Waredwr y byd,
diolchwn i ti am adael i ni yn y sacrament rhyfeddol hwn goffâd o'th ddioddefaint:
caniatâ inni felly barchu dirgeleddau sanctaidd dy gorff a'th waed fel y profwn ynom ein hunain ffrwyth dy gariad achubol di;
sydd yn fyw ac yn teyrnasu gyda'r Tad a'r Ysbryd Glân,
yn un Duw, yn oes oesoedd. **Amen**.

Gwrandewch Efengyl Crist yn ôl Sant Ioan.
Gogoniant i ti, O Arglwydd.

Meddai Iesu wrthynt,
'Myfi yw bara'r bywyd. Ni bydd eisiau bwyd byth ar y sawl sy'n dod ataf fi, ac ni bydd syched byth ar y sawl sy'n credu ynof fi. Yn wir, yn wir, rwy'n dweud wrthych, oni fwytewch gnawd Mab y Dyn ac yfed ei waed, ni bydd gennych fywyd ynoch. Y mae gan y sawl sy'n bwyta fy nghnawd i ac yn yfed fy ngwaed i fywyd tragwyddol, a byddaf fi'n ei atgyfodi yn y dydd olaf. Oherwydd fy nghnawd i yw'r gwir fwyd, a'm gwaed i yw'r wir ddiod. Y mae'r sawl sy'n bwyta fy nghnawd i ac yn yfed fy ngwaed i yn aros ynof fi, a minnau ynddo yntau. Y Tad byw a'm hanfonodd i, ac yr wyf fi'n byw oherwydd y Tad; felly'n union bydd y sawl sy'n fy mwyta i yn byw o'm herwydd innau. Dyma'r bara a ddisgynnodd o'r nef ... Caiff y sawl sy'n bwyta'r bara hwn fyw am byth.'

Ioan 6. 35, 53-57, 58b

Dyma Efengyl yr Arglwydd.
Moliant i ti, O Grist.

An Act of Spiritual Communion

For use on the occasions where it is not possible to attend Holy Communion.

In the name of the Father,
and of the Son, and of the Holy Spirit. **Amen**.

Jesus, Saviour of the world,
we thank you that in this wonderful sacrament
    you have left us a memorial of your passion:
grant us so to reverence
    the sacred mysteries of your body and blood
    that we may know within ourselves
    the fruit of your redeeming love;
who live and reign with the Father and the Holy Spirit,
one God, for ever and ever. **Amen**.

Listen to the Gospel of Christ according to Saint John.
Glory to you, O Lord.

Jesus said,
'I am the bread of life; whoever comes to me shall not hunger, and whoever believes in me shall never thirst. Truly, truly, I say to you, unless you eat the flesh of the Son of Man and drink his blood, you have no life in you. Whoever feeds on my flesh and drinks my blood has eternal life, and I will raise him up on the last day. For my flesh is true food, and my blood is true drink. Whoever feeds on my flesh and drinks my blood abides in me, and I in him. As the living Father sent me, and I live because of the Father, so whoever feeds on me, he also will live because of me. This is the bread that came down from heaven … Whoever feeds on this bread will live for ever.'

John 6. 35, 53-57, 58b

This is the Gospel of the Lord.
Praise to you, O Christ.

Offrymwn i Dduw ein holl ofidiau a'n gobeithion, ein holl ofnau a'n methiannau.
>Dad nefol,
>yr ydym wedi pechu ar feddwl, gair a gweithred,
>a heb wneud yr hyn a ddylem.
>Mae'n wir ddrwg gennym,
>ac yr ydym o ddifrif yn edifarhau.
>Er mwyn dy Fab Iesu Grist a fu farw drosom,
>maddeua inni'r cwbl a aeth heibio
>ac arwain ni yn ei ffordd ef
>i gerdded fel plant y goleuni. **Amen**.

>Yr Hollalluog Dduw,
>sy'n maddau i bawb sy'n wir edifeiriol,
>a drugarhao wrthym, a'n rhyddhau o bechod,
>ein cadarnhau mewn daioni
>a'n cadw yn y bywyd tragwyddol;
>trwy Iesu Grist ein Harglwydd. **Amen**.

Gwrandewch y geiriau cysurus a ddywed ein Hiachawdwr Crist wrth bawb sy'n troi ato ef:
>Dewch ataf fi, bawb sy'n flinedig ac yn llwythog,
>ac fe roddaf fi orffwystra i chwi.

Mathew 11. 28

>Do, carodd Duw y byd gymaint nes iddo roi ei unig Fab,
>er mwyn i bob un sy'n credu ynddo ef beidio â mynd i
>ddistryw ond cael bywyd tragwyddol.

Ioan 3. 16

Gwrandewch hefyd beth a ddywed Sant Paul:
>Dyma air i'w gredu, sy'n teilyngu derbyniad llwyr:
>'Daeth Crist Iesu i'r byd i achub pechaduriaid.'

1 Timotheus 1. 15

Gwrandewch hefyd beth a ddywed Sant Ioan:
>Os bydd i rywun bechu,
>y mae gennym Eiriolwr gyda'r Tad,
>sef Iesu Grist, y cyfiawn;
>ac ef sy'n aberth cymod dros ein pechodau.

1 Ioan 2. 1, 2

We offer up to God all our worries, hopes, fears and failings.
Heavenly Father,
we have sinned in thought, word and deed,
and have failed to do what we ought to have done.
We are sorry and truly repent.
For the sake of your Son Jesus Christ who died for us,
forgive us all that is past and lead us in his way
to walk as children of light. **Amen**.

Almighty God, who forgives all who truly repent,
have mercy on us and set us free from sin,
strengthen us in goodness and keep us in eternal life;
through Jesus Christ our Lord. **Amen**.

Listen to the words of comfort our Saviour Christ says to all those who truly turn to him:
Come to me, all who labour and are heavy laden,
and I will give you rest.

Matthew 11. 28

God so loved the world, that he gave his only Son,
that whoever believes in him should not perish but
have eternal life.

John 3. 16

Listen also to what Saint Paul says:
The saying is trustworthy and deserving of full acceptance,
that Christ Jesus came into the world to save sinners.

1 Timothy 1. 15

Listen also to what Saint John says:
If anyone does sin,
we have an advocate with the Father,
Jesus Christ the righteous.
He is the propitiation for our sins.

1 John 2. 1, 2

Cymerer eiliad i fyfyrio ar y Cymun Bendigaid ac ar orchymyn Crist: 'Gwnewch hyn er cof amdanaf.'

O wynfydedig Arglwydd,
mewn undod â'th bobl ffyddlon ledled y byd,
gerbron pob allor yn dy Eglwys lle dethlir yr Ewcharist,
dymunwn offrymu iti fawl a diolch.
Cyflwynaf i ti fy enaid a'm corff
    gan daer ewyllysio bod yn un â thi'n wastadol.
Am na allaf yn awr dy dderbyn yn y Sacrament,
tyred yn ysbrydol i'm calon.
Gwnaf fy hun yn un â thi,
cofleidiaf di â chalon, meddwl ac enaid.
Na foed fyth i ddim dy wahanu di oddi wrthyf;
fel y gallaf fyw a marw yn dy gariad. **Amen.**

Gorffennwch gyda'r cyflwyniad hwn o'r weddi hynafol 'Anima Christi' (yn lle bendith).

Enaid fy Mhrynwr, pura 'nghalon i,
O gorff yr Iesu, aros gyda mi;
O boed fy nhrochi yn y dwyfol waed,
a golch fi, ddŵr o'i ystlys ef a gaed.

O'r boen a ddug, boed nerth a nawdd i mi,
fendigaid Iesu, clyw ac ateb di;
cysgoda fi a'm cuddio yn dy glwyf,
fel na'th adawaf innau byth tra bwyf.

Amddiffyn fi rhag anfad elyn dyn,
a phan fwy'n trengi, cymer fi dy hun;
gad imi ddyfod fry i'th uchel fraint,
i'th ganmol yn dragywydd gyda'th saint.

Anima Christi, cyf. T. Gwynn Jones (1871~1949).

Take a moment to reflect upon the Eucharist and Christ's command: 'Do this in remembrance of me.'

O Blessed Lord,
in union with the faithful throughout the world,
at every altar of your Church
    where the Eucharist is being celebrated,
I desire to offer you praise and thanksgiving.
I present to you my soul and body with the earnest
wish that may always be united to you.
Since I cannot now receive you in the Sacrament,
I invite you to come spiritually into my heart.
I unite myself to you,
and embrace you with heart and mind and soul.
Let nothing ever separate you from me,
so that I may live and die in your love. **Amen.**

Conclude with this rendering of the ancient prayer 'Anima Christi' (in place of a blessing).

Soul of my Saviour, sanctify my breast;
body of Christ, be thou my saving guest;
blood of the Saviour, bathe me in thy tide,
wash me with water flowing from thy side.

Strength and protection may thy passion be;
O blessed Jesus, hear and answer me;
deep in thy wounds, Lord, hide and shelter me;
so shall I never, never part from thee.

Guard and defend me from the foe malign;
in death's dread moments make me only thine;
call me, and bid me come to thee on high,
where I may praise thee with thy saints for aye.

Anima Christi. Ascribed to Pope John XXII (1244~1334), translator unknown.

Y Beibl

Gwell nag aur, a gwell nag arian,
yw dy air, O Dduw, i mi;
ymhyfrydu byddo f'enaid
beunydd yn dy gyfraith di;
rho oleuni, fel y gwelwyf
bethau rhyfedd d'air o hyd;
plyg f'ewyllys i'w ddylanwad,
ato tyn fy serch a'm bryd.

William Williams [Pant-y-celyn], (1717~1791)

The Bible

Word of mercy, giving
succour to the living;
word of life, supplying
comfort to the dying.

O that we, discerning
its most holy learning,
Lord, may love and fear thee,
evermore be near thee.

Henry Williams Baker (1821~1877)

Gweddi i'w hadrodd cyn darllen y Beibl

O Arglwydd bendigaid,
a beraist fod yr holl ysgrythur lân
    yn ysgrifenedig i'n haddysgu ni,
cynorthwya ni i wrando arni,
    ei darllen, ei chwilio, ei dysgu ac ymborthi arni
    fel, trwy amynedd, a chymorth dy air sanctaidd
    y cofleidiwn ac y daliwn ein gafael yn wastadol
yng ngobaith y bywyd tragwyddol,
a roddaist i ni yn ein Hiachawdwr Iesu Grist,
sy'n fyw ac yn teyrnasu gyda thi,
yn undod yr Ysbryd Glân,
yn un Duw, yn awr ac am byth. **Amen.**

Gweddi i'w hadrodd ar ôl darllen y Beibl

Hyfryd eiriau'r Iesu,
bywyd ynddynt sydd,
digon byth i'n harwain
i dragwyddol ddydd:
maent o hyd yn newydd,
maent yn llawn o'r nef;
sicrach na'r mynyddoedd
yw ei eiriau ef.

Wrth in wrando'r Iesu
haws adnabod Duw;
ac wrth gredu ynddo
mae'n felysach byw.
Mae ei wenau tirion
yn goleuo'r bedd;
ac yn ei wirionedd
mae tragwyddol hedd.

Howell Elvet Lewis [Elfed] (1860~1953)

A prayer before reading the Bible

Blessed Lord,
who has caused all holy scriptures
    to be written for our learning:
help us so to hear them,
to read, mark, learn and inwardly digest them,
that, by patience and the comfort of your holy word,
we may embrace and for ever hold fast
    the blessed hope of everlasting life,
which you have given us in our Saviour Jesus Christ,
who is alive and reigns with you,
in the unity of the Holy Spirit,
one God, now and for ever. **Amen.**

A prayer after reading the Bible

Lord, thy word abideth,
and our footsteps guideth;
who, its truth believeth
light and joy receiveth.

> When the storms are o'er us,
> and dark clouds before us,
> then its light directeth,
> and our way protecteth.

>> Who can tell the pleasure,
>> who recount the treasure
>> by thy word imparted
>> to the simple hearted?

>>> O that we, discerning
>>> its most holy learning,
>>> Lord, may love and fear thee,
>>> evermore be near thee.

Henry Williams Baker (1821~1877)

Gweddïo Ysgrythurol

Mae'r apostol Paul yn annog i Gristnogion Colosae adael '[g]air Crist i breswylio [ynddynt] yn ei gyfoeth,' (Colosiaid 3. 16). Gall gair Duw, 'yn fyw a grymus' (Hebreaid 4. 12) siarad yn rymus â ninnau hefyd, drwy weddi a ysgogir gan yr Ysbryd Glân.

Sut y gallwn ni weddïo fel hyn? Dyma ddau bosibilrwydd:

Yn gyntaf dyna'r hen draddodiad o **lectio divina** (Lladin am 'ddarllen dwyfol'). Dechreuodd hyn yn y mynachlogydd lle deuid ynghyd i wrando'n fyfyrgar ar air Duw. Mae lectio divina yn ein cymell i flasu gair Duw fel petai'n wledd foethus i'w mwynhau gan bwyll, yn ystyriol a diolchgar. Cymerwn rai adnodau o'r Beibl, efallai o'r Salmau, neu un o lythyrau'r Testament Newydd neu ddarnau o ddysgeidiaeth Iesu yn yr Efengylau, a cheisio'r hyn y mynn Duw ei ddweud wrthym.

I ddechrau, gofynnwch i'r Ysbryd Glân oleuo eich clustiau, eich meddwl a'ch calon. Yna darllenwch yr adnodau gan bwyll i gael gafael ar y prif themâu a'r delweddau. Rhowch sylw i unrhywbeth sy'n eich taro a gadewch i'r Ysbryd eich goleuo yn dyner. Darllenwch y darn sawl gwaith gan aros ar y gair, ymadrodd neu ddelwedd sy'n canu cloch. Gadewch i'r rhodd hon gan Dduw ddod yn rhan ohonoch. Fel bwyd blasus yn toddi yn eich ceg gadewch i air bywiol Crist ddod yn rhan ohonoch a byw ynoch. Fel y dywedodd Simon Pedr wrth Iesu, 'Arglwydd, at bwy yr awn ni? Y mae geiriau bywyd tragwyddol gennyt ti' (Ioan 6. 68).

Gall yr ail ffurf o weddïo – **Myfyrio Dychmygus** – fod o gymorth wrth fyfyrio ar hanesion ysgrythurol. Mae'r dull hwn o weddïo, a apeliai at St. Ignatius Loyola (1491~1556), yn gofyn inni ddychmygu ein bod ni naill ai'n gymeriad yn yr hanes neu'n sefyll o gwmpas. Gwahoddwch yr Ysbryd Glân i ddod â'r olygfa, y geiriau a'r gweithredoedd yn fyw. Cymryd rhan yn y digwyddiad sy'n bwysig nid dadansoddi'r testun.

Er enghraifft, pe byddech yn myfyrio ar Iesu'n porthi'r tyrfaoedd gallech ddychmygu eich hun yn un o'r dilynwyr newynog, neu'n un o'r disgyblion helbulus neu hyd yn oed mai chi oedd y bachgen bach a welodd ei ymborth pitw yn troi'n wledd ryfeddol. Pa synau a glywch chi? Allwch chi weld yr olwg ar wyneb Iesu? Beth am arogl a blas y bwyd y mae'n ei ddarparu'n wyrthiol? Beth mae Iesu yn ei ddarparu i chi mewn gweddi? Offrymwch yr hyn sy'n dod i'ch calon â diolch a gadewch i Ysbryd y Gwirionedd eich 'arwain chwi yn yr holl wirionedd' (Ioan 16. 13).

Praying with Scripture

The apostle Paul bids the Colossian Christians to 'let the word of Christ dwell in [them] richly' (Colossians 3. 16). The word of God, 'living and active' (Hebrews 4. 12) can speak profoundly to us too, through prayer activated by the Holy Spirit.

How can we pray in this way? Here are two possibilities:

First, there is the ancient tradition of **lectio divina** (Latin for 'divine reading'). This originated in monasteries as a shared, reflective listening to God's word. Lectio divina bids us savour God's word as a rich feast to be enjoyed slowly, attentively and thankfully. We take a few verses of the Bible, possibly from the Psalms, or one of the New Testament letters, or some of the teaching of Jesus from the Gospels, and seek what God desires to say to us.

To begin, ask the Holy Spirit to enlighten your ears, your mind and your heart. Then read the verses slowly to get a sense of the main themes and images. Notice anything that strikes you and gently allow the Spirit to inspire you. Read the passage several times and settle on the word, phrase or visual image which resonates. Allow this gift of God to become part of you. Like sweet food dissolving in your mouth, allow Christ's living word to become part of you, to live in you. As Simon Peter said to Jesus, 'Lord, to whom can we go? You have the words of eternal life' (John 6. 68).

The second form of prayer – **Imaginative Contemplation** – can be helpful in reflecting upon biblical stories. This way of praying, particularly valued by St. Ignatius of Loyola (1491~1556), calls us to imagine ourselves as a character within the narrative or possibly even a bystander. Invite the Holy Spirit to bring the scene, its words and actions, alive. It isn't about analysing the text intellectually but entering into the action.

For example, if you were to reflect upon Jesus feeding the multitude, you might imagine yourself as one of the hungry followers, or one of the perplexed disciples, or even the little boy who sees his meagre lunchbox become an amazing feast. What sounds do you hear? Can you visualise Jesus' expression? How about the smell and taste of the food he miraculously provides? What is Jesus providing you in prayer? Offer up what comes into your heart with thanksgiving and allow the Spirit of truth to 'guide you into all the truth' (John 16. 13).

Y Flwyddyn Gristnogol

Nid oes ffin rhwng deufyd yn yr Eglwys;
yr un ydyw'r Eglwys filwriaethus ar y llawr
â'r Eglwys fuddugoliaethus yn y nef.
A bydd y saint yn y ddwy-un Eglwys.
Dônt i addoli gyda ni, gynulleidfa fach,
y saint, ein hynafiaid hynaf ni,
a adeiladodd Gymru ar sail
y crud, y groes a'r bedd gwag.†

O'r gerdd 'Dewi Sant' gan D. Gwenallt Jones (1899~1968)

† - *Gweler tudalen 58*

The Christian Year

There is no boundary between
  two worlds in the Church;
the Church militant on earth
and the Church triumphant in heaven
  are one and the same.
And the saints will be in
  the two-one Church.
They come to worship with us,
small congregation,
the saints, our eldest ancestors,
who built Wales on the foundation of
the cradle, the cross and the empty tomb.

From 'Dewi Sant' by D. Gwenallt Jones (1899~1968)

Y Flwyddyn Gristnogol

Mae'r flwyddyn Gristnogol yn dechrau ar y Sul cyntaf yn yr Adfent, sef pedair wythnos cyn y Nadolig, ac yn gorffen ar Sul olaf y Deyrnas, sef y Sul cyn yr Adfent: gŵyl Crist y Brenin.

Tymor o aros yn ddisgwylgar yw'r **Adfent**: nid yn unig edrych ymlaen at y Nadolig, ond edrych ymlaen at ddyfodiad Crist.

> Bendigedig wyt ti,
> Dduw Goruchaf, Arglwydd pob peth!
> O'th dyner drugaredd
>   y tyr arnom y wawrddydd oddi uchod,
> i chwalu gweddillion cysgodion y nos.
> A ninnau'n disgwyl dy ddyfod i'n plith,
> agor ein llygaid i ganfod dy bresenoldeb
> a chryfha ein dwylo i wneud dy ewyllys,
> fel y gall y byd dy foliannu'n llawen.
> **Bendigedig fyddo Duw am byth.**

Dathlu'r ymgnawdoliad y mae'r **Nadolig**: Gair Duw yn dyfod yn gnawd yng ngenedigaeth Iesu Grist.

> Gogoniant i Dduw yn nef y nefoedd,
> a thangnefedd ar y ddaear y daeth ef iddi.
> Fel y bugeiliaid, ar anogaeth angylion,
> bydded inni dy geisio a'th ganfod,
> wedi dy eni o Fair ym Methlehem orlawn,
> a'th ogoneddu a'th foliannu
>   am y cwbl a glywsom ac a welsom.
> **Bendigedig fyddo Duw am byth.**

The Christian Year

The Christian Year begins on the first Sunday of Advent, four weeks before Christmas, and ends on the final Sunday of the Kingdom, which is the Sunday before Advent: the feast of Christ the King.

Advent is a season of expectant waiting: not only looking forward to Christmas, but looking forward to the coming of Christ.

> You are blessed,
> Sovereign God, Lord of all!
> In your tender compassion
>   the dawn from on high breaks upon us,
> to dispel the lingering shadows of night.
> As we look for your coming among us,
> open our eyes to behold your presence
> and strengthen our hands to do your will,
> that the world may rejoice
>   to give you praise.
> **Blessed be God for ever.**

Christmas celebrates the incarnation: the Word of God becoming flesh in the birth of Jesus Christ.

> Glory to God in highest heaven,
> and peace on the earth to which he came.
> Like the shepherds, encouraged by angels,
> may we still seek and find you,
> born of Mary in crowded Bethlehem,
> and glorify and praise you
>   for all we have heard and seen.
> **Blessed be God for ever.**

Ail ran tymor y Nadolig yw'r **Ystwyll** (6^{ed} Ionawr - 2^{il} Chwefror), pan fyddwn yn myfyrio ar y datguddiad o Grist i'r Cenhedloedd.

> Arglwydd pob doethineb a gallu,
> datguddiaist Iesu Grist i genhedloedd y ddaear.
> Drwy roddion y Doethion,
> dangoswyd mai ef oedd dy Fab;
> addolwyd ef yn Frenin,
> a chyffeswyd mai ef oedd ein Gwaredwr.
> Trwy ras yr Ysbryd, a welwyd adeg ei fedydd,
> boed i ni ein cyfnerthu i wneud ei ewyllys;
> ac fel, trwy rym dy allu,
> trawsnewidiwyd dŵr yn win da yng Nghana,
> felly adnewydder ein bywydau yn dy wasanaeth.
> **Bendigedig fyddo Duw am byth.**

Terfynu tymor y Nadolig a'r Ystwyll y mae **Cyflwyniad Crist** (Gŵyl Fair y Canhwyllau: 2^{il} Chwefror) sy'n coffáu Cyflwyno Crist yn y Deml.

> Dduw gogoneddus
> datguddi dy hun i'r byd
> a'n galw i fod yn urdd offeiriadol, frenhinol,
> i ddatgan mawl Crist
> > a'n galwodd allan o dywyllwch
> > i'w ryfeddol oleuni ef.
> Boed i ni offrymu ein hunain yn aberth byw,
> sanctaidd a derbyniol gennyt ti,
> Frenin y brenhinoedd ac Arglwydd yr arglwyddi.
> **Bendigedig fyddo Duw am byth.**

Epiphany (6th January - 2nd February) is the second part of the Christmas season, reflecting on the manifestation of Christ to the Gentiles.

> Lord of all wisdom and power,
> you revealed Jesus Christ to the nations of the earth.
> Through the gifts of the Magi,
> he was made known as your Son,
> worshipped as King, and acknowledged as our Saviour:
> by the grace of the Spirit, seen at his baptism,
> may we be strengthened to do his will;
> and as, by your transforming power at Cana,
> water was turned into finest wine,
> may our lives be renewed in your service.
> **Blessed be God for ever.**

Candlemas (2nd February) ends the Christmas and Epiphany season, recalling the Presentation of Christ in the Temple.

> Glorious God,
> you reveal yourself to the world
> and call us to be a royal priesthood,
> to show forth the praises of Christ
>   who has called us out of darkness
>   into his marvellous light.
> May we present ourselves as a living sacrifice,
> holy and acceptable to you,
> King of all kings and Lord of all lords.
> **Blessed be God for ever.**

Y tymor rhwng Dydd Mercher y Lludw a Sul y Pasg yw'r **Garawys**. Yn draddodiadol y mae'n gyfnod arbennig o weddïo ac ymprydio, fel y gwnaeth Iesu yn yr anialwch.

> Hollalluog Dduw,
> porthaist dy bobl yn yr anialwch,
> a'u tywys â chwmwl a thân,
> a rhoi gorchmynion i osod trefn ar eu bywydau.
> Dyro inni lygaid i ganfod dy fwriad,
> dyfalbarhad i ddilyn lle yr arweini di,
> a dewrder i adnabod y gwirionedd sy'n ein rhyddhau;
> fel y bendithir ein bywydau
> ac y gwneler dy ewyllys.
> **Bendigedig fyddo Duw am byth.**

Diwrnod cyntaf y Garawys yw **Dydd Mercher y Lludw** (y Dydd Mercher cyn y 6[ed] Sul cyn y Pasg). Llosgir hen groesau palmwydd a defnyddir y lludw yn arwydd o edifeirwch.

> Dduw tosturi a thrugaredd,
> nid wyt yn casáu un dim a wnaethost
> ac yr wyt yn llawenhau am bob pechadur edifeiriol.
> A ninnau wedi ein harwyddo â'r Groes,
> trown eto atat ti am faddeuant.
> Boed i'r lludw, sy'n galw i gof ein marwoldeb,
> fod i ni yn symbol o'th fywyd newydd a addewaist.
> Nertha ni i gerdded ar y ffordd at atgyfodiad
> a chymod perffaith yn dy bresenoldeb di.
> **Bendigedig fyddo Duw am byth.**

Lent is the season between Ash Wednesday and Easter Sunday. It is traditionally a special time of prayer and fasting, as Jesus prayed and fasted in the wilderness.

> Almighty God,
> you fed your people in the wilderness,
> and guided them by cloud and fire,
> giving commandments to order their lives.
> Give us eyes to see your purpose,
> perseverance to follow where you lead,
> and courage to know the truth that sets us free;
> that our lives may be blessed
> and your will may be done.
> **Blessed be God for ever.**

Ash Wednesday (the Wednesday before the 6th Sunday before Easter) is the first day of Lent. Old palm crosses are burned and the ash is used as a sign of penitence.

> God of compassion and mercy,
> you hate nothing that you have made
> and rejoice in every sinner's change of heart.
> As, signed with the Cross,
> we turn again to you for forgiveness,
> may the ash, a reminder our mortality,
> be for us the symbol of your promised new life,
> and strengthen us to walk the road to resurrection
> and perfect reconciliation in your presence.
> **Blessed be God for ever.**

Beunydd gyda Duw

Ymestyn **Tymor y Dioddefaint** o Sul y Dioddefaint i Ddydd Sadwrn yr Wythnos Fawr. Dyma pryd y byddwn yn cofio am ddioddefaint Iesu a'i gariad tuag atom.

> Dduw tragwyddol, ceraist y byd gymaint
>   nes iti roi dy unig-anedig Fab
>   er mwyn i bob un sy'n credu ynddo
>   ef beidio â mynd i ddistryw
>   ond cael bywyd tragwyddol.
> Dyro inni wybod gallu cariad Crist,
> a amlygwyd ar y Groes o boen,
> i'n dwyn allan o afael ofn condemniad
> ac at wybodaeth o'th ras achubol
> a gynigir yn rhad i'n byd drylliedig.
> **Bendigedig fyddo Duw am byth.**

Y Sul cyn y Pasg yw **Sul y Blodau**, pan goffeir mynediad Iesu i mewn i Jerwsalem. Dyma ddechrau'r **Wythnos Fawr**.

Dydd Iau Cablyd – y dydd Iau yn yr Wythnos Fawr – sy'n coffáu Swper Olaf Iesu. Yn dilyn traddodiad dyma pryd y ceir Ewcharist, golchi traed ac adnewyddu ymrwymiad i'r weinidogaeth.

> Hosanna i Fab Dafydd!
> Bendigedig yw'r un sy'n dod yn enw'r Arglwydd!
> Cyn ei fradychu a'i groeshoelio aeth Iesu i mewn i Jerwsalem
> a'i gyfarch gan y torfeydd fel y Meseia a addawyd.
> Boed i ninnau, wrth gofio am ei orchymyn i garu
> a chofio am ei bresenoldeb mewn bara a gwin,
> gyhoeddi mai ef yw ein Harglwydd a'n Gwaredwr,
> a cherdded gydag ef ar y ffordd i fywyd tragwyddol.
> Hosanna yn y goruchaf!
> **Bendigedig fyddo Duw am byth.**

Daily with God

Passiontide runs from Passion Sunday to Holy Saturday. During this time we remember Jesus' suffering and love for us.

> Eternal God, you loved the world so much
> > that you gave your only-begotten Son
> > that whosoever believes in him might not perish
> > but have everlasting life.
>
> Help us to know the power of Christ's love,
> revealed on the Cross of pain,
> to bring us out of the fear of condemnation
> and into the knowledge of your saving grace
> freely offered to our broken world.
> **Blessed be God for ever.**

Palm Sunday is the Sunday before Easter, recalling Jesus' entry into Jerusalem. It marks the start of **Holy Week**.

Maundy Thursday – Thursday in Holy Week – marks Jesus' Last Supper. The Holy Eucharist, washing of feet and renewal of commitment to ministry all traditionally take place here.

> Hosanna to the Son of David!
> Blessed is he who comes in the name of the Lord!
> Before his betrayal and crucifixion Jesus entered Jerusalem,
> hailed by crowds as the promised Messiah.
> May we, mindful of his commandment to love
> and remembering his presence in bread and wine,
> hail him as our Lord and Saviour
> and walk with him on the road to eternal life.
> Hosanna in the highest!
> **Blessed be God for ever.**

Dydd o weddi ac ympryd yw **Dydd Gwener y Groglith** – Dydd Gwener yn yr Wythnos Fawr – pan gofiwn yr awr y bu farw Iesu.

> Dduw sanctaidd, sanctaidd a chryf, sanctaidd ac anfarwol!
> Trwy ei Groes a'i Ddioddefaint,
> cyhoeddodd ein Gwaredwr Crist dy gariad,
> maddeuodd i'w lofruddion,
> ac addo i'r lleidr edifeiriol
>   le y dydd hwnnw gydag ef ym Mharadwys.
> I'th ddwylo di y cyflwynwn ein hysbryd.
> Cyflawna dy ewyllys yn ein byd,
> lle y mae llawer yn sychedu,
> llawer yn teimlo'n wrthodedig;
> a dwg i'n plith y cymod a'r gofal brawdol
>   a ddangoswyd ac a gynigiwyd inni gan dy Fab,
> ein Gwaredwr Iesu Grist.
> **Bendigedig fyddo Duw am byth.**

Dydd Sadwrn Sanctaidd yw'r dydd yn yr Wythnos Fawr pan gofiwn sut y disgynnodd Iesu i uffern, fel y caiff pawb a fu farw ddod i fyw gydag ef yn y nef.

Gŵyl fwyaf llawen y flwyddyn Gristnogol yw **Sul y Pasg** pan ddathla'r Eglwys atgyfodiad ein Harglwydd Iesu Grist.

> Ardderchocaf Arglwydd bywyd,
> y gorchfygodd dy Fab Iesu Grist angau
> a chyfodi'n fuddugoliaethus o'r bedd:
> bydded inni rodio yn ei gwmni,
> clywed dirgelwch yr Ysgrythur yn cael ei ddehongli inni,
> ac, â'n calonnau'n llosgi o'n mewn,
> adnabod ei bresenoldeb ef
>   ar doriad y bara,
> oherwydd ein Gwaredwr a gyfododd yn wir – Halelwia!
> **Bendigedig fyddo Duw am byth.**

Good Friday – Friday in Holy Week – is a day of prayer and fasting when we remember the hour of Jesus' death.

> Holy God, holy and strong, holy and immortal!
> By his Cross and Passion,
> our Saviour Christ declared your love,
> forgave his killers,
> and promised to the penitent thief
>   a place that day with him in Paradise.
> Into your hands we commit our spirit.
> Accomplish your will in our world,
> where many thirst, many feel forsaken;
> and bring reconciliation and the brotherly care
>   shown and offered to us by your Son,
> our Saviour Jesus Christ.
> **Blessed be God for ever.**

Holy Saturday is the day when we remember how Jesus descended into hell, that all who have died might be brought to live with him in heaven.

Easter Day is the most joyful feast of the Christian year, when the Church celebrates the Resurrection of our Lord Jesus Christ.

> Most glorious Lord of life,
> whose Son Jesus Christ conquered death
> and rose victorious from the grave:
> may we walk in his company,
> hear the mystery of the Scriptures unfold to us,
> and, with burning hearts, know his presence
>   in the breaking of the bread,
> for our Saviour is risen indeed – Alleluia!
> **Blessed be God for ever.**

Dethlir **y Dyrchafael** 40 o ddiwrnodau wedi'r Pasg a choffeir esgyniad Iesu i'r nef.

> Frenin brenhinoedd ac Arglwydd arglwyddi,
> a gyfododd ac a esgynnodd ac a ogoneddwyd:
> gadewaist inni orchymyn parhaus i fynd allan,
> gwneud disgyblion o bob cenedl,
> bedyddio, dysgu a byw i'th ogoniant.
> Bydded inni ganfod dy bresenoldeb gyda ni bob amser,
> hyd ddiwedd amser. Halelwia!
> **Bendigedig fyddo Duw am byth.**

Mae **Pentecost** yn cau tymor y Pasg ac yn dathlu dyfodiad yr Ysbryd Glân at y disgyblion cyntaf.

> Dduw pob ysbrydoliaeth,
> yn y dechreuad yr oedd dy Lân Ysbryd
> > yn ymsymud ar wyneb y dyfroedd
> a daeth yr holl greadigaeth yn fyw.
> Anfon arnom dy anadl fywiol,
> fel, wrth ein hail-greu ni,
> y bydd iti adnewyddu wyneb y ddaear
> > mewn cariad a llawenydd a thangnefedd. Halelwia!
> **Bendigedig fyddo Duw am byth.**

Mae **Sul y Drindod** (y Sul wedi'r Pentecost) yn rhoi diolch am Dduw a ddatguddiwyd i ni yn Dad, yn Fab ac yn Ysbryd Glân. Mae tymor y Drindod yn parhau hyd nes cyrraedd Sul cyntaf yr Adfent.

> Sanct, Sanct, Sanct,
> Arglwydd Dduw hollalluog,
> sy'n byw ac yn teyrnasu
> > yn undod cariad perffaith:
> dwg ni felly i'th adnabod,
> i'th garu ac i'th ddilyn,
> > fel y caffom ynot ti y cyflawnder bywyd hwnnw
> > na ŵyr na dechrau na diwedd
> > yn y Tad a'r Mab a'r Ysbryd Glân.
> **Bendigedig fyddo Duw am byth.**

The Ascension is celebrated 40 days after Easter and commemorates the ascent of Jesus into heaven.

> King of kings and Lord of lords,
> risen, ascended, glorified:
> you have left us a lasting command
> > to go out, make disciples of all nations,
> baptise, teach and live to your glory.
> May we perceive your presence
> > with us always,
> even to the end of time. Alleluia!
> **Blessed be God for ever.**

Pentecost closes the Easter season with a celebration of the coming of the Holy Spirit to the first disciples.

> Inspiring God,
> in the beginning your Holy Spirit
> > hovered over the surface of the waters
> and all creation came alive.
> Send on us your life-giving breath,
> that, as we are recreated,
> you may renew the face of the earth
> > in love, in joy and in peace. Alleluia!
> **Blessed be God for ever.**

Trinity Sunday (the Sunday after Pentecost) gives thanks for God revealed to us as Father, Son, and Holy Spirit. The Trinity season continues until the first Sunday of Advent comes round again.

> Holy, holy, holy, Lord God almighty,
> living and reigning in the unity of perfect love:
> draw us so to know you, to love and follow you,
> > that in you we may find the fullness of life
> > which knows no beginning nor end
> > in Father, Son and Holy Spirit.
> **Blessed be God for ever.**

Rhan olaf tymor y Drindod yw Tymor **y Deyrnas** pan edrychir ymlaen at ddyfodiad Teyrnas Dduw. Dechry'r tymor hwn ar y Sul cyntaf ym mis Tachwedd a chynnwys wyliau'r Holl Saint (1^{af} Tachwedd), yr Holl Eneidiau (2^{il} Tachwedd) a Sul y Cofio, gan orffen â Gŵyl Crist y Brenin ar y Sul cyn yr Adfent.

> Frenin y gogoniant,
> a goronwyd unwaith â drain:
> ysbrydoler gweision dy Deyrnas,
> a elwi di yn gyfeillion iti,
> i newynu a sychedu
>   am weld cyfiawnder yn llwyddo,
> dy deyrnas yn dod
> a chyflawni dy ewyllys
> ar y ddaear fel yn y nef.
> **Bendigedig fyddo Duw am byth.**

Gweddi i anrhydeddu Saint yr Eglwys y gellir ei dweud ar ŵyl unrhyw Sant drwy gydol y flwyddyn.

> Dduw ffyddlon a chariadus,
> yr wyt yn rhoi torf o dystion yn gwmwl o'n cwmpas,
> i'n nerthu o'r newydd ym mhob cenhedlaeth:
> Mair, Mam yr Arglwydd,
> apostolion ac efengylwyr,
> proffwydi, offeiriaid a beirdd,
> negeswyr, merthyron a chenhadon,
> yn adeiladu inni seiliau cadarn o ffydd.
> Wedi ein hysbrydoli gan eu dewrder, doethineb a gwasanaeth,
> boed inni redeg yr yrfa sydd o'n blaen heb ddiffygio
> ac etifeddu, gyda hwy, goron y bywyd tragwyddol.
> **Bendigedig fyddo Duw am byth.**

Kingdom season is the final part of the Trinity season, and looks forward to the coming of God's Kingdom. This season begins on the first Sunday in November and encompasses the feasts of All Saints (1st November), All Souls (2nd November) and Remembrance Sunday, ending with the feast of Christ the King on the Sunday before Advent.

> King of glory,
> once crowned with thorns:
> may the servants of your Kingdom,
> whom you call your friends,
> be inspired to hunger and thirst
>   to see right prevail,
> for your kingdom to come
> and your will to be done
> on earth as it is in heaven.
> **Blessed be God for ever.**

A Prayer to commemorate the Saints of the Church. This can be used for the feast of any Saint throughout the year.

> Faithful and loving God,
> you surround us with a great cloud of witnesses,
> to strengthen us afresh in every generation:
> Mary, Mother of the Lord,
> apostles and evangelists,
> prophets, priests and poets,
> messengers, martyrs and missionaries,
> building for us firm foundations of faith.
> Inspired by their courage, wisdom and service,
> may we run with perseverance the race that is set before us
> and inherit, with them, the crown of everlasting life.
> **Blessed be God for ever.**

Myfyrdodau ar Digwyddiadau Bywyd

O, am aros,
yn ei gariad ddyddiau f'oes!

Ann Griffiths (1776~1805)

Reflections on Life Events

Through all the changing scenes of life,
in trouble and in joy,
the praises of my God shall still
my heart and tongue employ.

Nahum Tate (1652~1715) and Nicholas Brady (1659~1726)

Gweddi dros y rhai sy'n paratoi ar gyfer ...

Bedydd
Tyrd Ysbryd Gân,
llanw galonnau dy wasanaethyddion E.
wrth iddynt baratoi i'w bedyddio:
boed iddynt brofi dy allu iachaol,
eu golchi'n lân o bechod,
a, chan farw a chyfodi gyda Iesu Grist,
etifeddu'n llawen fywyd tragwyddol;
drwy gariad Duw:
Tad, Mab ac Ysbryd Glân. **Amen.**

Conffyrmasiwn
Cyfnertha, O Arglwydd, dy wasanaethyddion hyn E.
wrth iddynt baratoi i'w conffyrmio,
dyro iddynt barhau yn eiddo i ti,
a chynyddu mwyfwy beunydd yn dy Ysbryd Glân
hyd nes y delont i'th deyrnas dragwyddol. **Amen.**

Priodas
Arglwydd bywyd a chariad,
yr enynnodd dy Ysbryd gariad at ei gilydd yn E. ac E.:
boed i'r naill garu ac anrhydeddu'r llall
er gwell, er gwaeth,
er cyfoethocach er tlotach,
yn glaf ac yn iach
hyd nes y gwahenir hwy gan angau
a'u galw i rannu cariad tragwyddol
    dy gartref nefol;
trwy Iesu Grist ein Harglwydd. **Amen.**

A prayer for those preparing for …

Baptism
Come Holy Spirit,
fill the hearts of your servants N.
as they prepare to be baptised:
may they know your healing power,
be washed clean from sin,
and, dying and rising with Jesus Christ,
joyfully inherit eternal life;
through the love of God:
Father, Son and Holy Spirit. **Amen**.

Confirmation
Defend, Lord, these your servants N.
as they prepare to be confirmed,
that they may continue yours for ever,
and daily increase in your Holy Spirit,
more and more,
until they come to your everlasting kingdom. **Amen**.

Marriage
Lord of life and love,
whose Spirit has inspired N. and N. with mutual love:
may they love and honour one another,
for better, for worse,
for richer, for poorer,
in sickness and in health,
until parted by death
and called to share the eternal love
    of your heavenly home;
through Jesus Christ our Lord. **Amen**.

Amser o weddi a myfyrdod i'r rhai sy'n methu â bod mewn angladd

Pan fo rhywun annwyl ac adnabyddus inni yn marw, mae'n bwysig ffarwelio a chofio ac anrhydeddu bywyd a olygai lawer i ni. Bydd y drefn fer hon yn gymorth ichi ffarwelio'n ffurfol yn eich cartref.

Wrth ichi ddarllen drwy'r weithred fer hon o addoliad a chofio, dywedwch enw'r un a fu farw lle y gwelwch E. Efallai y carech oleuo cannwyll a'i gosod ger llun o'r un a gofir ac, efallai, chwarae darn o gerddoriaeth a olygai lawer iddo/iddi. Oedwch ac eisteddwch yn dawel. Meddyliwch am y rhai sydd yn yr angladd a chyflwynwch hwy i Dduw yn nhawelwch yr eiliad.

Goleuo'r gannwyll

Gallwch ddweud y geiriau hyn wrth oleuo'r gannwyll:
Iesu yw Goleuni'r Byd.
Boed i'w oleuni, yn cyfodi mewn gogoniant,
chwalu tywyllwch ein calonnau a'n meddyliau.

Rhai geiriau cysurlon o'r Beibl:
Duw'r oesoedd yw dy noddfa,
ac oddi tanodd y mae'r breichiau tragwyddol.
Deuteronomium 33. 27

Dywedodd Iesu,
'Peidiwch â gadael i ddim gynhyrfu'ch calon,
a pheidiwch ag ofni.'
Ioan 14. 27

A time of prayer and reflection for those who are unable to attend a funeral

When someone we know and love dies, it is important to say 'farewell', to remember them and to honour a life that has meant a lot to us. This short guide will help you to say your formal goodbyes at home.

As you read through this short act of worship and remembrance, mention the name of the person who has died where you see N. You may like to light a candle, to place it near a photograph of the person you are thinking of and perhaps play a piece of music that meant a lot to them. Take a few moments to sit quietly. Think about those who are attending the funeral and hold them before God in the stillness of the moment.

Lighting the candle

You may say these words as you light a candle:
> Jesus is the Light of the World.
> May his light, rising in glory,
> banish all darkness from our hearts and minds.

Some words of comfort from the Bible:
> The eternal God is your refuge:
> and underneath are the everlasting arms.
> *Deuteronomy 33. 27*

> Jesus said,
> 'Do not let your hearts be troubled,
> neither let them be afraid.'
> *John 14. 27*

Beunydd gyda Duw

Gweddi agoriadol

Iesu cariadus,
addewaist i'th ddisgyblion
  y byddet ti gyda hwy bob amser.
Cynorthwya ni i wybod dy fod di gyda ni yn awr
  yn ein tristwch a'n galar.
Pan wynebaist y groes
dywedaist wrth dy ddisgyblion
  am beidio â gofidio nac ofni,
  oherwydd yr oeddet ti yn mynd o'u blaen hwy.
Yn hyderus fod E. yn ddiogel yn dy gariad,
cynorthwya ni i fod yn gadarn ein ffydd
  a dyro inni heddwch meddwl.
Bydd gyda ni yn ystod yr ysbaid fer hon o fyfyrdod
ac amgylcha ni â'th gariad ac â'th dangnefedd,
yn awr ac am byth. **Amen.**

Yr Arglwydd yw fy mugail,
ni bydd eisiau arnaf.
Gwna imi orwedd mewn porfeydd breision,
a thywys fi gerllaw dyfroedd tawel,
ac y mae ef yn fy adfywio.
Fe'm harwain ar hyd llwybrau cyfiawnder
er mwyn ei enw.

Er imi gerdded trwy ddyffryn tywyll du,
nid ofnaf unrhyw niwed, oherwydd yr wyt ti gyda mi,
a'th wialen a'th ffon yn fy nghysuro.

Yr wyt yn arlwyo bwrdd o'm blaen
yng ngŵydd fy ngelynion;
yr wyt yn eneinio fy mhen ag olew;
y mae fy nghwpan yn llawn.
Yn sicr, bydd daioni a thrugaredd yn fy nilyn
bob dydd o'm bywyd,
a byddaf yn byw yn nhŷ'r Arglwydd weddill fy nyddiau.

Salm 23

Opening prayer

Loving Jesus,
you promised your disciples
    that you would be with them for ever.
Help us to know that you are with us now
    in our sadness and our grief.
When you faced the cross
    you told your disciples not to be anxious or afraid,
    because you were going before them.
Trusting that N. is safe in your love,
help us to have faith and peace of mind.
Be with us in these moments of reflection
and surround us with your love and your peace,
now and always. **Amen.**

The Lord is my shepherd,
I shall not want.
He makes me lie down in green pastures;
he leads me beside still waters;
he restores my soul.
He leads me in right paths
for his name's sake.

Even though I walk through the darkest valley,
I fear no evil; for you are with me;
your rod and your staff – they comfort me.

You prepare a table before me
in the presence of my enemies;
you anoint my head with oil;
my cup overflows.
Surely goodness and mercy
shall follow me all the days of my life,
and I shall dwell in the house of the Lord
my whole life long.

Psalm 23

Darnau ysgrythurol

Dywedodd Martha wrth Iesu,
'Pe buasit ti yma, syr, ni buasai fy mrawd wedi marw. A hyd yn oed yn awr, mi wn y rhydd Duw i ti beth bynnag a ofynni ganddo.' Dywedodd Iesu wrthi, 'Fe atgyfoda dy frawd.' 'Mi wn,' meddai Martha wrtho, 'y bydd yn atgyfodi yn yr atgyfodiad ar y dydd olaf.' Dywedodd Iesu wrthi, 'Myfi yw'r atgyfodiad a'r bywyd. Pwy bynnag sy'n credu ynof fi, er iddo farw, fe fydd byw; a phob un sy'n byw ac yn credu ynof fi, ni bydd marw byth. A wyt ti'n credu hyn?' 'Ydwyf, Arglwydd,' atebodd hithau, 'yr wyf fi'n credu mai tydi yw'r Meseia, Mab Duw, yr Un sy'n dod i'r byd.'

Ioan 11. 21-27

Os yw Duw trosom, pwy sydd yn ein herbyn? Nid arbedodd Duw ei Fab ei hun, ond ei draddodi i farwolaeth trosom ni oll. Ac os rhoddodd ei Fab, sut y gall beidio â rhoi pob peth i ni gydag ef? Pwy sydd i ddwyn cyhuddiad yn erbyn etholedigion Duw? Duw yw'r un sy'n dyfarnu'n gyfiawn. Pwy sydd yn ein collfarnu? Crist Iesu yw'r un a fu farw, yn hytrach a gyfodwyd, yr un hefyd sydd ar ddeheulaw Duw, yr un sydd yn ymbil trosom. Pwy a'n gwahana ni oddi wrth gariad Crist? Ai gorthrymder, neu ing, neu erlid, neu newyn, neu noethni, neu berygl, neu gleddyf? Hyn yn wir yw ein rhan, fel y mae'n ysgrifenedig: 'Er dy fwyn di fe'n rhoddir i farwolaeth drwy'r dydd, fe'n cyfrifir fel defaid i'w lladd.' Ond yn y pethau hyn i gyd y mae gennym fuddugoliaeth lwyr trwy'r hwn a'n carodd ni. Yr wyf yn gwbl sicr na all nac angau nac einioes, nac angylion na thywysogaethau, na'r presennol na'r dyfodol, na grymusterau nac uchelderau na dyfnderau, na dim arall a grewyd, ein gwahanu ni oddi wrth gariad Duw yng Nghrist Iesu ein Harglwydd.

Rhufeiniaid 8. 31b-39

Bible passages

Martha said to Jesus,
'Lord, if you had been here, my brother would not have died. But even now I know that God will give you whatever you ask of him.' Jesus said to her, 'Your brother will rise again.' Martha said to him, 'I know that he will rise again in the resurrection on the last day.' Jesus said to her, 'I am the resurrection and the life. Those who believe in me, even though they die, will live, and everyone who lives and believes in me will never die. Do you believe this?' She said to him, 'Yes, Lord, I believe that you are the Messiah, the Son of God, the one coming into the world.'

John 11. 21-27

If God is for us, who is against us? He who did not withhold his own Son, but gave him up for all of us, will he not with him also give us everything else? Who will bring any charge against God's elect? It is God who justifies. Who is to condemn? It is Christ Jesus, who died, yes, who was raised, who is at the right hand of God, who indeed intercedes for us. Who will separate us from the love of Christ? Will hardship, or distress, or persecution, or famine, or nakedness, or peril, or sword? As it is written, 'For your sake we are being killed all day long; we are accounted as sheep to be slaughtered.' No, in all these things we are more than conquerors through him who loved us. For I am convinced that neither death, nor life, nor angels, nor rulers, nor things present, nor things to come, nor powers, nor height, nor depth, nor anything else in all creation, will be able to separate us from the love of God in Christ Jesus our Lord.

Romans 8. 31b-39

Amser i fyfyrio

Yn awr treuliwch ychydig o funudau yn myfyrio ar y darlleniadau ac ar unrhyw eiriau sy'n siarad yn arbennig â chi.

Trowch eich meddwl at yr un a fu farw. Os ydych gyda phobl eraill efallai yr hoffech rannu atgofion. Ystyriwch pam yr oedd yr ymadawedig mor arbennig i chi, cofiwch am yr hyn a wnaethoch gyda'ch gilydd ac er ei *fwyn/mwyn* – a'r hyn a wnaeth er eich mwyn chi. Meddyliwch beth y carech ei ddweud pe bai yma'n awr.

Fe gofiwch am bethau yr ydych am ddiolch i Dduw amdanynt ac am bethau sy'n edifar gennych. Bydd tristwch, hefyd, am nad ydych yn gallu bod yn yr angladd. Gallwch offrymu'r meddyliau hyn i gyd i Dduw.

Wedi rhai munudau o ddistawrwydd ewch ymlaen â'r gweddïau hyn:
    Dad nefol,
    diolchwn i ti am ein llunio ar dy ddelw di
        ac am roddi inni ddoniau a thalentau i'th wasanaethu.
    Diolchwn iti am *E.*,
        am y blynyddoedd a gawsom gyda'n gilydd,
        am y daioni a welsom *ynddo/ynddi*,
        am y cariad a gawsom *ganddo/ganddi*.
    Dyro inni yn awr nerth a dewrder
        i'w adael/i'w gadael yn dy ofal,
    yn hyderus yn dy addewid o fywyd tragwyddol;
    trwy Iesu Grist ein Harglwydd. **Amen.**

Gweddi'r Arglwydd

    Ein Tad ...

(Gweler y tu mewn i'r clawr blaen)

Daily with God

Time to reflect

Now spend a few moments thinking about the readings and any words that particularly speak to you.

Take a few moments to think about the person who has died. If you are with other people you may like to share your memories together. Think about what made that person special to you, the things you did with and for them – things they did for you. Think about what you might like to say to them if they were here now.

There will be things that you will want to thank God for and things you might regret or feel sorry about. There is also the sadness of not being able to attend the funeral. You can offer all these thoughts to God.

After some moments of stillness continue with these prayers:
God our Father,
we thank you that you have made each of us
 in your own image and given us gifts
 and talents with which to serve you.
We thank you for *N.*,
 the years we shared with *him/her*,
 the good we saw in *him/her*,
 the love we received from *him/her*.
Now give us strength and courage
 to leave *N.* in your care,
confident in your promise of eternal life
through Jesus Christ our Lord. **Amen.**

The Lord's Prayer

Our Father …

(See inside front cover)

Gweddi'r cyflwyniad

Dywedir y weddi isod ar ddiwedd gwasanaeth yr angladd i gyflwyno'r ymadawedig i gariad a gofal Duw am byth:

> O Dduw ein crëwr a'n gwaredwr,
> trwy dy allu gorchfygodd Crist farwolaeth
>   a mynd i mewn i'w ogoniant.
> Yn llawn hyder yn ei fuddugoliaeth
> a chan hawlio ei addewidion,
> ymddiriedwn E. i'th ofal,
> yn enw Iesu ein Harglwydd,
> a fu farw ac sy'n fyw
> ac yn teyrnasu gyda thi,
> yn awr ac am byth. **Amen.**

Gweddïau i gloi

> O Arglwydd,
> cynnal ni trwy gydol dydd ein bywyd blin,
> hyd onid estynno'r cysgodion
> a dyfod yr hwyr,
> distewi o ddwndwr byd,
> tawelu o dwymyn bywyd,
> a gorffen ein gwaith.
> Yna, Arglwydd, yn dy drugaredd,
> dyro inni breswylfa ddiogel,
> gorffwysfa sanctaidd
> a thangnefedd yn y diwedd;
> trwy Grist ein Harglwydd. **Amen.**

> Arhosed cariad a chymorth Duw gyda ni am byth,
> a gorffwysed E., a'r holl ffyddloniaid ymadawedig
> mewn tangnefedd byth bythoedd. **Amen.**

Prayer of commendation

The following prayer is used at the end of the funeral service to commend the person who has died to God's love and care for ever:

> God our creator and redeemer,
> by your power Christ conquered death
>   and entered into glory.
> Confident of his victory
> and claiming his promises,
> we entrust N. to your mercy
> in the name of Jesus our Lord,
> who died and is alive
> and reigns with you,
> now and for ever. **Amen.**

Closing prayers

> Support us, O Lord,
> all the day long of this troublous life,
> until the shadows lengthen
> and the evening comes,
> the busy world is hushed,
> the fever of life is over,
> and our work is done.
> Then, Lord, in your mercy,
> grant us a safe lodging,
> a holy rest, and peace at the last;
> through Christ our Lord. **Amen.**
>
> May God's love and help remain with us always
> and may N. and all the faithful departed rest in peace.
> **Amen.**

Diolch cyn prydau bwyd

O Dad, yn deulu dedwydd – y deuwn
â diolch o'r newydd,
cans o'th law y daw bob dydd
ein lluniaeth a'n llawenydd.
Amen.[†]

William David Williams (1900-1985)

[†] - *Gweler tudalen 58*

Thanksgiving before meals

**Thanks be to you, Lord Jesus Christ,
for these and for all your benefits,
which, of your great goodness,
we are now about to receive.
Amen.**

HAWLFRAINT

Mae rhannau sylweddol o'r testun yn eiddo i Gorff Cynrychiolwyr yr Eglwys yng Nghymru ac ni chaniateir eu hatgynhyrchu o fewn telerau unrhyw drwydded, ac eithrio fel y caniateir yn benodol isod. Cedwir pob hawl. Ni chaniateir storio unrhyw ran o'r cyhoeddiad hwn mewn system adfer, na'i throsglwyddo, ar unrhyw ffurf neu mewn unrhyw fodd, electronig, mecanyddol, llungopïo, recordio neu fel arall at ddibenion atgynhyrchiad print neu ddigidol heb ganiatâd ysgrifenedig ymlaen llaw gan yr Eglwys yng Nghymru.

CYDNABYDDIAETHAU

Daw'r dyfyniadau ysgrythurol yn *Gymraeg o'r Beibl Cymraeg Newydd* a'r *Beibl Cymraeg Newydd Diwygiedig 2004*, ⓑ Cymdeithas (Brydeinig a Thramor) y Beibl ac fe'u defnyddir trwy ganiatâd. Cedwir pob hawl.

Daw'r dyfyniadau ysgrythurol yn Saesneg o'r *New Revised Standard Version of the Bible Anglicized Edition*, ⓑ 1989, 1995, Adran Addysg Gristnogol, Cyngor Eglwysi Crist yn Unol Daleithiau America ac fe'u defnyddir trwy ganiatâd. Cedwir pob hawl.

Yn Saesneg, mae Gweddi'r Arglwydd, Gloria Patri, Credo Nicea, Benedictus, Te Deum Laudamus, Magnificat, Credo'r Apostolion a Nunc Dimittis dan hawlfraint, ⓑ The English Language Liturgical Consultation (ELLC) 1988, ac fe'u defnyddir trwy ganiatâd.

ATGYNHYRCHU A GANIATEIR

Ceir atgynhyrchu unrhyw ran o'r llyfr hwn, o'r enw **Beunydd gyda Duw**, (ac eithrio'r lluniau [gweler tudalen 59] a'r testun wedi'i farcio † [gweler isod]), er mwyn ei defnyddio a heb orfod talu ffi, ar yr amod nad yw copïau'n cael eu gwerthu, nad oes mwy na 100 o gopïau yn cael eu hatgynhyrchu a bod enw'r plwyf, yr eglwys gadeiriol neu'r sefydliad yn cael ei ddangos ar y clawr blaen, gyda disgrifiad a dyddiad y gwasanaeth a bod y gydnabyddiaeth ganlynol wedi'i chynnwys:

**Beunydd gyda Duw, cyhoeddiad yr Eglwys yng Nghymru.
ⓑ Hawlfraint Corff Cynrychiolwyr yr Eglwys yng Nghymru 2024.**

† Yr Examen [ar dudalen 31].
Defnyddir drwy ganiatâd caredig 'Ymestyn Allan' St Beuno's.

† Daw'r darn o'r gerdd 'Dewi Sant' [ar dudalen 42] o *Cerddi Gwenallt: y Casgliad Cyflawn*, golygydd Christine James.
Defnyddir drwy ganiatâd caredig Y Lolfa.

† Defnyddir y weddi o 'ddiolch cyn pryd bwyd' [yn Gymraeg] gan William David Williams (1900-1985) [ar dudalen 57].
Defnyddir drwy ganiatâd caredig Y Lolfa.

Dylai plwyfi, eglwysi cadeiriol neu sefydliadau sy'n dymuno atgynhyrchu testun neu lyfrau y tu allan i'r telerau uchod wneud cais ysgrifenedig i wneud hynny i'r Rheolwr Cyhoeddiadau, ym mhob achos dylid cadw copi fel cofnod o bob un o'r cyhoeddiadau: *publications@churchinwales.org.uk*

COPYRIGHT

Substantial parts of the text are owned by the Representative Body of the Church in Wales and may not be reproduced within the terms of any licence, except as expressly permitted below. All rights reserved. No part of this publication may be stored in a retrieval system, or transmitted, in any form or by any means, electronic, mechanical, photocopying, recording or otherwise for the purpose of printed or digital reproduction without prior permission in writing from the Church in Wales.

ACKNOWLEDGEMENTS

Scripture quotations in English are taken from the *New Revised Standard Version of the Bible Anglicized Edition*, © 1989, 1995, Division of Christian Education of the National Council of the Churches of Christ in the United States of America, and are used as permitted. All rights reserved.

Scripture quotations in Welsh are taken from from *Y Beibl Cymraeg Newydd* and *Y Beibl Cymraeg Newydd Diwygiedig 2004*, © (The British and Foreign) Bible Society, and are used as permitted. All rights reserved.

In English, *the Lord's Prayer, Gloria Patri, The Nicene Creed, Benedictus, Te Deum Laudamus, Magnificat, Apostles' Creed* and *Nunc Dimittis* are © The English Language Liturgical Consultation (ELLC) 1988 and are used as permitted.

PERMITTED REPRODUCTION

Any part of this book, (except the pictures [see page 59] and the text marked † [see below]) entitled **Daily with God** may be reproduced for use and without payment of a fee, provided that copies are not sold, no more than 100 copies are reproduced and that the name of the parish, cathedral or institution is shown on the front cover, with the description of the service and that the following acknowledgement is included:

Daily with God, a Church in Wales publication.
© **Copyright the Representative Body of the Church in Wales 2024.**

† The Examen [on page 31].
Used by kind permission of St Beuno's Outreach.

† The passage from the poem 'Dewi Sant' [on page 42] from *Cerddi Gwenallt: y Casgliad Cyflawn*, edited by Christine James.
Used by kind permission of Y Lolfa.

† The prayer of 'thanks before a meal' [in Welsh] by William David Williams (1900-1985) [on page 57].
Used with the kind permission of Y Lolfa.

Parishes, cathedrals or institutions wishing to reproduce text or books outside of the terms above should apply in writing to do so from the Publications Manager, in all cases a copy should be kept as a record of each of the publications: *publications@churchinwales.org.uk*

Beunydd gyda Duw — Daily with God

ⓗ Hawlfraint y lluniau:

a) Trwy gydol (haul) sangart/stock.adobe.com - cyf 434213482
b) tudalen 22 terry/stock.adobe.com - cyf 303482249
c) tudalen 29 sidneydealmeida/stock.adobe.com - cyf 261583287
ch) tudalen 36 tinnakorn/stock.adobe.com - cyf 313768258
d) tudalen 39 scphoto48/stock.adobe.com - cyf 221452026
dd) tudalen 47 fizkes/stock.adobe.com - cyf 328931192
e) tudalen 55 mediteraneo/stock.adobe.com - cyf 534420914
f) tudalen 6 & 15 publications@churchinwales.org.uk

Ceir atgynhyrchu lluniau a darluniau, a-g o dan delerau Adobe Stock yn unig (stock.adobe.com/uk/license-terms). Gellir atgynhyrchu lluniau f, gyda chaniatâd yn unig.

© Copyright of the pictures:

a) Throughout (sun) sangart/stock.adobe.com - ref 434213482
b) page 22 terry/stock.adobe.com - ref 303482249
c) page 29 sidneydealmeida/stock.adobe.com - ref 261583287
d) page 36 tinnakorn/stock.adobe.com - ref 313768258
e) page 39 scphoto48/stock.adobe.com - ref 221452026
f) page 47 fizkes/stock.adobe.com - ref 328931192
g) page 55 mediteraneo/stock.adobe.com - ref 534420914
h) pages 6 & 15 publications@churchinwales.org.uk

Pictures and illustrations, a-g may only be reproduced under the terms of Adobe Stock (stock.adobe.com/uk/license-terms). Pictures h, may only be reproduced by permission.

"Byddwch lawen, cadwch eich ffydd a'ch cred a gwnewch y pethau bychain a glywsoch ac a welsoch gennyf."

Geiriau olaf Dewi Sant